Bankauskunft im Erbfall

FRANZ LINNARTZ · EDITH LINNARTZ
MARKUS MAIBACH · NIELS BECKER

Bankauskunft im Erbfall

Auskunftspflichten der Banken

bank-verlag medien

Art.-Nr. 22.403-0800

Druck: ICS Communikations-Service GmbH, Bergisch Gladbach

ISBN 978-3-86556-159-6

Bibliografische Information Der Deutschen Bibliothek
Die Deutsche Bibliothek verzeichnet diese Publikation in der Deutschen Nationalbibliografie; detaillierte bibliografische Daten sind im Internet über http://dnb.ddb.de abrufbar.

Inhaltsverzeichnis

I. Grundlagen der Auskunftspflicht

RA/FAfErbR/FAfSteuR Franz Linnartz

1. Gesetzliche Auskunftsansprüche

a) Grundsätzliche Erwägungen

Aufgrund eines beschränkten Horizonts des Einzelnen fehlt ihm ein abschließendes und umfassendes Wissen. Insbesondere kommt es zu Wissensdefiziten, wenn ein anderer sein Wissen „mit ins Grab" nimmt.

Es ist daher erforderlich, dass der Einzelne sein fehlendes Wissen, insbesondere in Erbfällen, wo in der Regel das Wissen des Erblassers fortfällt, ergänzt, sofern dafür ein Bedürfnis besteht. Diese Wissensergänzung erfolgt durch die Einholung von Auskünften.

Mit dem Bedürfnis nach der Einholung von Auskünften muss die Pflicht zur Erteilung von Auskünften korrespondieren. Durch die Pflicht zur Erteilung von Auskünften wird dem Wunsch nach der Einholung von Auskünften Grenzen gesetzt.

b) Allgemeiner Auskunftsanspruch

Das BGB kennt keinen allgemeinen Informationsanspruch.[1] Auch in der ZPO findet sich keine allgemeine Auskunftspflicht.[2] Der Auskunftsan-

1 Erman/*Ehmann*, § 666 Rn. 1; Palandt/Heinrichs, 66. Aufl., § 261 Rn. 3; BG 74, 380; BGH NJW 1978, 1002; 1981, 1733.
2 BGH NJW 1990, 3151.

spruch setzt daher entweder eine besondere Rechtsgrundlage oder den Abschluss eines Auskunftsvertrages voraus.

Das Reichsgericht[3] stellte bereits den allgemeinen Grundsatz auf, dass rechenschaftspflichtig ist, wer fremde Angelegenheiten oder solche, die zugleich eigene und fremde sind, besorgt. Diesen Grundsatz erweiterte es sodann in einer späteren Entscheidung:

„*In Fällen, in denen ein Recht auf Auskunft gegenüber dem Verpflichteten die Rechtsverfolgung in hohem Maße erleichtert, oft überhaupt erst möglich macht, ist – auch abgesehen von der Geschäftsführung ohne Auftrag – nach den Grundsätzen von Treu und Glauben dem Berechtigten ein Anspruch auf Auskunft bei Rechtsverhältnissen zu gewähren, deren Wesen es mit sich bringt, dass der Berechtigte entschuldbarerweise über Bestehen und Umfang seines Rechts im Ungewissen, der Verpflichtete aber in der Lage ist, unschwer solche Auskunft zu erteilen.*“[4]

Diese Formulierung des Reichsgerichts stellt eine Generalklausel dar. Sie geht über den allgemeinen Grundsatz zur Auskunftserteilung, formuliert in RGZ 73, 288 ebenso wie über § 666 BGB (Auskunfts- und Rechenschaftspflicht) hinaus.

Beispielsweise ist nicht mehr das Vorliegen eines Geschäftsbesorgungsverhältnisses Voraussetzung. Ein „Rechtsverhältnis“ ist ausreichend.[5] Diese Rechtsprechung wurde dann jedoch durch den BGH zu Recht aufgegeben[6] beziehungsweise konkretisiert.[7]

So hatte der BGH im Grundsatz anerkannt, dass auch eine Schadensersatzpflicht ein eine Auskunft begründendes „Rechtsverhältnis“ sein kann. Dieses Rechtsverhältnis kann sodann den in Anspruch Genommenen, die Bank, zur Auskunft verpflichten.[8]

c) Treu und Glauben

Ein Anspruch des Auskunft Suchenden gegenüber der Bank kann sich anerkanntermaßen aus Treu und Glauben ergeben.

---

3 RGZ 73, 288.
4 RGZ 108, 1, 7.
5 MünchKomm/*Keller*, § 260 Rn. 10 m. w. N.
6 BGHZ 34, 320 (Urt. v. 24. Februar 1961 – I ZR 83/59); vgl. dazu auch: Erman/*Ehmann*, § 667 Rn. 18, § 687 Rn. 14.
7 BGH NJW 1964, 1414; NJW 1980, 2463; NJW 1986, 1244; NJW 1990, 180; NJW 1996, 2100.
8 Erman/*Ehmann*, § 666 Rn. 13; BGH NJW 1962, 731; NJW 1978, 1002; NJW 1991, 1738 (1740); NJW 1990, 1358.

Treu und Glauben gebieten, dass dem Anspruchsberechtigten ein Auskunftsanspruch zuzubilligen ist, wenn die zwischen den Parteien bestehenden Rechtsbeziehungen es mit sich bringen, dass der Anspruchsberechtigte in entschuldbarer Weise über das Bestehen oder den Umfang seines Rechts im Ungewissen ist. Darüber hinaus muss der zur Auskunftserteilung in Anspruch genommene, die Bank, in der Lage sein, die zur Beseitigung dieser Ungewissheit erforderliche Auskunft unschwer erteilen zu können.[9]

Für einen Auskunftsanspruch genügt es nicht, dass der um Auskunft Ersuchende vorträgt, dass eine Verpflichtung des in Anspruch Genommenen zur Auskunft bestehen könnte.[10] So wird auch im Rahmen der Klage eines Pflichtteilsberechtigten gegen den vom Erblasser Beschenkten zunächst das Erfordernis eines „bestehenden Rechtsverhältnisses“ aufgestellt.[11] Später wurde hier dieses Erfordernis aufgegeben und auf gewisse „Anhaltspunkte“, die auf Schenkungen hinweisen, beschränkt.[12]

Bei dem allgemeinen Auskunftsanspruch auf Grund der richterrechtlichen Generalklauseln handelt es sich um einen unselbstständigen Auskunftsanspruch, der ein berechtigtes Informationsinteresse des Auskunftsverlangenden voraussetzt. Insoweit geht die richterrechtliche Generalklausel über § 666 BGB hinaus.

Das Informationsinteresse des um Auskunft Nachsuchenden ist immer dann gegeben, wenn die Information zur Geltendmachung eines über die bloße Information hinausgehenden Anspruchs (auf Schadensersatz, Herausgabe etc.) benötigt wird.[13]

Die richterrechtliche Generalklausel machte den Auskunftsanspruch sodann noch davon abhängig, dass der Auskunftssuchende sich nicht anderweitig die gewünschten Informationen beschaffen kann und sich in entschuldbarer Weise im Ungewissen befindet (Subsidiarität).[14]

So besteht beispielsweise der Anspruch des Nacherben auf Auskunft gegenüber dem vom Vorerben Beschenkten, weil der Nacherbfall erst mit dem Tod des Vorerben eintritt. Der Nacherbe kann sich somit die Aus-

9 BGH, Urt. v. 6. 2. 2007 – X ZR 117/04; BGHZ 10, 358, 387; 81, 21, 24; 95, 285, 287 f.; 148, 26, 30; 152, 307, 316.
10 RGZ 150, 42; BGHZ 74, 379; BGH NJW 1978, 1002; OLG München NJW-RR 1996, 93.
11 BGH NJW 1955, 1354.
12 BGH NJW 1971, 842; NJW 1973, 1876; NJW 1972, 907 (Nacherbe gegen den vom Vorerben möglicherweise Beschenkten).
13 BGH NJW 1957, 669; NJW 1978, 1002; BGHZ 74, 379; OLG Frankfurt ZIP 1986, 1004.
14 BGHZ 126, 109; BGH NJW 1996, 2100.

kunft nicht mehr von dem Erblasser oder dem Vorerben verschaffen.[15] Diese sind tot.

Begrenzt wird der allgemeine Auskunftsanspruch ebenso wie die gesetzlichen Auskunftsansprüche durch die nennenswerten privaten und geschäftlichen Geheimhaltungsinteressen des in Anspruch Genommenen.[16]

Das Geheimhaltungsinteresse des Informationspflichtigen kann sich beispielsweise auf Grund des Allgemeinen Persönlichkeitsrechts, des Rechts am eingerichteten und ausgeübten Gewerbebetrieb, des Grundrechts auf informationelle Selbstbestimmung, auf Grund des Datenschutzrechts oder sonstiger berechtigter sowie gewerblicher Geheimhaltungsinteressen ergeben. Die Bank kann ihr Geheimhaltungsinteresse insbesondere auf das Bankgeheimnis stützen.

d) Auskunftsansprüche nach dem BGB

Es findet sich im Zivilrecht auch nicht ein gesondert normiertes Auskunfts- und Informationssystem.

Der Gesetzgeber hat jedoch einzelne gesondert normierte Auskunftsrechte im BGB vorgesehen. Diese befinden sich beispielsweise an folgenden Stellen:

- § 242 BGB: Aus dem Grundsatz von Treu und Glauben[17]
- § 402 BGB: Auskunftspflicht des Zedenten
- § 666 BGB: Auskunfts- und Rechenschaftspflicht (Norm von zentraler Bedeutung für das Auskunftsrecht)
- § 675 BGB: Entgeltliche Geschäftsbesorgung
- § 681 BGB: Nebenpflichten des Geschäftsführers
- § 687 II BGB: Unechte Geschäftsführung
- § 713 BGB: Rechte und Pflichten des geschäftsführenden Gesellschafters
- § 1379 BGB: Auskunftspflicht bei Zugewinngemeinschaft
- § 1580 BGB: Auskunftspflicht (geschiedene Ehegatten)
- § 1605 BGB: Auskunftspflicht (Verwandte in gerader Linie)
- § 1799 BGB: Pflichten und Rechte des Gegenvormunds
- § 1839 BGB: Auskunftspflicht des Vormunds
- § 1908i BGB: Auskunftspflicht bei Betreuung

---

15 BGH NJW 1972, 907.
16 So bereits RGZ 108, 7; 127, 243.
17 *Sarres*, Erbrechtliche Auskunftsansprüche aus Treu und Glauben (§ 242 BGB).

- § 1959 BGB: Auskunftspflicht des vorläufigen Erben
- § 1960 BGB: Auskunftsanspruch gegen Nachlasspfleger
- § 1988 BGB: Auskunftsanspruch gegen Nachlassverwalter
- § 2027 BGB: Auskunftspflicht des Erbschaftsbesitzers
- § 2028 BGB: Auskunftspflicht des Hausgenossen
- § 2057 BGB: Auskunftspflicht des Erben über Zuwendungen
- § 2127 BGB: Auskunftsrecht des Nacherben
- § 2287 BGB: Auskunftsanspruch gegen den Beschenkten
- § 2314 BGB: Auskunftspflicht des Erben gegenüber Pflichtteilsberechtigten
- § 2318 BGB: Auskunftsanspruch gegen Testamentsvollstrecker

Die vorstehende Auflistung verweist auf eine Vielzahl von auskunftsrechtlichen Sondervorschriften für das Erbrecht, die im 5. Buch des BGB geregelt sind. Für Auskunftsansprüche im Rahmen des Erbrechts kann aber auch auf andere Auskunft vermittelnde Normen des BGB zurückgegriffen werden. Die Auskunftsansprüche im 5. Buch des BGB sind insoweit nicht abschließend. So findet sich beispielsweise eine wesentliche Anspruchsgrundlage außerhalb des 5. Buches § 666 BGB.

Der erbrechtliche Teil des BGB sieht spezielle Auskunftsansprüche vor, nach denen beispielsweise der Erbe gegen den Erbschaftsbesitzer (§ 2027 Abs. 1 BGB), gegen den sonstigen Besitzer (§ 2027 Abs. 2 BGB) oder den Hausgenossen (§ 2028 BGB) Auskunftsansprüche geltend machen kann.

Auch finden sich im „Erbrecht“ Regelungen zur Durchsetzung der Auskunftsansprüche: beispielsweise des Pflichtteilsberechtigten gegen den Erben (§ 2314 BGB). Dem Pflichtteilsberechtigten wird in dieser Norm ein weit gehender Auskunftsanspruch zur Durchsetzung seiner Ansprüche gegen den Erben zur Seite gestellt.

Miterben, denen untereinander grundsätzlich kein Auskunftsrecht zusteht, wird ein Auskunftsrecht wegen Vorempfängern bei gesetzlicher Erbfolge gewährt (§ 2257 BGB).

Dem Nacherben stehen gegen den Vorerben Auskunftsrechte nach den §§ 2121, 2127, 2130 Abs. 2 BGB zu.

Der Gesetzgeber hat auch dem Nachlasspfleger und dem Nachlassverwalter Auskunftspflichten gegenüber den Nachlassgläubigern auferlegt (§ 2012 Abs. 1 und Abs. 2 BGB).

Auskunftspflichten des Testamentsvollstreckers folgen beispielsweise aus den §§ 2215, 2218 Abs. 1 und Abs. 2 BGB.

Eine konkrete Norm, die einem am Nachlass Beteiligten (Erbe, Vorerbe, Nacherbe, Pflichtteilsberechtigter, Vermächtnisnehmer etc.) nach dem Erbfall einen konkreten Anspruch gegen die Bank gibt, findet sich im 5. Buch des BGB nicht.

Es ist jedoch einleuchtend, dass es nach dem Erbfall eine Anspruchsgrundlage des „Hinterbliebenen“ gegen die Bank auf Auskunft geben muss. Es ist heute kein erbrechtlich relevanter Fall denkbar, in dem die Rechtsbeziehung des Erblassers zu seinen Banken vernachlässigt werden kann.

Diese Bedeutung der Banken als Hort unschätzbarer Informationen hat auch der steuerrechtliche Gesetzgeber erkannt. Die Banken sind grundsätzlich verpflichtet, die Vermögenswerte des Erblassers, die sich bei ihnen befinden, in der Regel innerhalb eines Monats, seit dem ihnen der Todesfall bekannt geworden ist, dem für die Erbschaftsteuer zuständigen Finanzamt, zu melden (§ 33 Abs. 1 ErbStG).

Mangels ausdrücklich gesetzlich normiertem unmittelbaren Auskunftsanspruch erbrechtlich involvierter Personen gegen die Bank ergibt sich der Auskunftsanspruch aus der schuldrechtlichen Beziehung zwischen dem Erblasser und der Bank (siehe „2. Vertragliche Ansprüche“). Eine Auskunftspflicht besteht schließlich bei einer besonderen – schuldrechtlichen – Rechtsbeziehung.[18]

e) Ansprüche nach dem HGB

Das Handelsrecht stellt ein besonderes Recht für bestimmte am Handelsverkehr teilnehmende Personen (Kaufleute) dar. Es ist das Sonderrecht der Kaufleute. Im Verhältnis zum BGB ist es ein Sonderrecht, das neben das BGB tritt. Als lex specialis geht es jedoch dem BGB vor.[19]

Vor diesem Hintergrund sind keine spezialgesetzlichen Regelungen im Zusammenhang mit dem Erbfall zu erwarten. Gesetzliche Grundlage für Ansprüche auf Auskunft im handelsrechtlichen Bereich ist § 347 HGB. Danach obliegt der Bank, die ein Handelsgeschäft betreibt, einem anderen gegenüber die Sorgfalt eines ordentlichen Kaufmanns. Diese Sorgfalt ist auch bei der Auskunft (Mitteilung) an den Tag zu legen. Es macht dabei keinen Unterschied, ob eine unrichtige oder eine fehlerhafte Auskunft erteilt wurde.[20]

---

18 BGH NJW 1982, 1807 ff.
19 Vgl. hierzu: Baumbach/*Hopt*, Einl v § 1 Rn. 2 ff.
20 Baumbach/*Hopt*, § 347 Rn. 9; RGZ 148, 293; BGH BB 1963, 1076.

Voraussetzung für die Auskunftserteilung der Bank ist entweder das Bestehen eines Bankvertrages (bei Anfragen von Kunden) oder eines besonderen Auskunftsvertrages (bei Anfragen von Nichtkunden).[21]

Sollte sich in dem Nachlass ein Unternehmen oder eine Unternehmensbeteiligung befinden, ist zu differenzieren: Das Unternehmen (beispielsweise die GmbH – nicht das Einzelunternehmen) besteht trotz des Erbfalls unverändert fort. Es hat somit – unberührt von dem Erbfall – auf Grund seiner vertraglichen Beziehungen zu der Bank seine eigenen Auskunftsansprüche. Der auf Grund des Erbfalls um Auskunft Nachsuchende hat keinen unmittelbaren Auskunftsanspruch gegen die Bank, die die Rechtsbeziehung zwischen Gesellschaft und Bank betreffen. Schließlich hatte auch der Erblasser kein vertragliches Verhältnis mit der Bank. Dieses besteht ausschließlich zwischen der Gesellschaft (juristische Person oder dieser gleichgestellten Gesellschaft) und der Bank.

Unabhängig davon ist zu sehen, dass der Erbe möglicherweise einen Auskunftsanspruch gegen das Unternehmen hat. Das Unternehmen kann sich dann zur Gewährung der Auskunft gegenüber dem Erben die gewünschten Informationen bei ihrer Bank beschaffen und an den Erben weiterleiten.

2. Vertragliche Auskunftsansprüche

a) Grundsätzliches

Mit der Eröffnung einer geschäftlichen Beziehung zur Bank kommt zwischen dem Kunden und der Bank nach der im Schrifttum verbreiteten Auffassung ein allgemeiner Bankvertrag als Grundlagen- und Rahmenvertrag zu Stande.

Seiner Rechtsnatur nach handelt es sich hierbei um einen Dienstvertrag mit Geschäftsbesorgungscharakter. Dieser richtet sich grundsätzlich nach den §§ 675 Abs. 1, 611 BGB.[22]

Die Lehre vom allgemeinen Bankvertrag ist jedoch nicht unumstritten. Hierzu werden auch andere Ansichten vertreten.[23]

---

21 Baumbach/*Hopt*, § 347 Rn 22, BankGesch A/14.

22 Staudinger/*Martinek*, 2006, § 675 B 28 m. w. N.

23 *Canaris*, Bankvertragsrecht, 3. Aufl, Rn. 2; *Kümpel*, Bank- und Kapitalmarktrecht, 2. Aufl., Rn. 2, 765 ff.; MünchKomm/*Heermann*, 4. Aufl., § 675 Rn. 52.

Der BGH hat sodann für Klarstellung gesorgt. Er wendet sich gegen die Lehre vom allgemeinen Bankvertrag: Es lasse sich allein aus der Existenz einer langjährigen Geschäftsverbindung in Form verschiedener Verträge über Bankenkonten und Darlehen ohne besondere Anhaltspunkte der Abschluss eines eigenständigen allgemeinen Bankvertrages als Rahmenvertrag nicht herleiten.[24]

Gegen diese Rechtsprechung wendet sich insbesondere Martinek.[25]

Stellt man einen Bankvertrag in Abrede, ergeben sich Ansprüche gegen die Bank aus allgemeinen geschäftsbesorgungsrechtlichen Pflichten. Bei den meisten Verträgen zwischen Bank und Kunden handelt es sich um typische Geschäftsbesorgungsverträge. Unter dem Gesichtspunkt der allgemeinen Interessenwahrungspflicht der geschäftsbesorgenden Bank ist diese zum einen zur Auskunft, Aufklärung, Warnung und Beratung und zum anderen zur Verschwiegenheit verpflichtet.[26] Die allgemeine Pflicht zur Auskunft und Rechenschaft ergibt sich dabei insbesondere aus § 666 BGB.[27]

Unter Berufung auf § 666 BGB ist auf Verlangen des Berechtigten über den Stand des Geschäfts Auskunft zu erteilen. Der Inhalt und der Umfang der Auskunftspflicht richtet sich dabei nach Treu und Glauben, der Verkehrssitte (§ 242 BGB) und den Umständen des Einzelfalles.[28] Etwas anderes kann sich insbesondere aus einer individuellen Vereinbarung zwischen der Bank und ihrem Kunden ergeben.

b) Auskunftsanspruch

aa) Auskunftsverlangen

Der Beauftragte, somit die Bank, hat auf Verlangen des Auftraggebers zu jeder Zeit über den Stand des Geschäfts Auskunft zu erteilen.[29] Soweit sich hierzu aus einer vertraglichen Vereinbarung zwischen dem Erblasser (Kunde) und der Bank nichts anderes ergibt, ist zur Geltendmachung der Auskunft grundsätzlich ein ausdrückliches Auskunftsverlangen erforderlich und auch ausreichend.

---

24 BGH NJW 2002, 3695, 3696.

25 Staudinger/*Martinek*, 2006, § 675 B 25.

26 MünchKomm/*Heermann*, 4. Aufl., § 675 Rn. 54.

27 MünchKomm/*Heermann*, 4. Aufl., § 675 Rn. 55; zur Dogmatik siehe auch MünchKomm/*Seiler*, 4. Aufl., § 666 Rn. 3.

28 MünchKomm/*Seiler*, 4. Aufl., § 666 Rn. 6; BGH NJW 2001, 1486; NJW 1989, 1601.

29 RG JW 1912, 910; BGHZ 41, 318; Staudinger/*Martinek*, 2006, § 666 Rn. 8.

bb) Inhalt der Auskunft

Der Inhalt der Auskunft bestimmt sich nach dem Anspruch des Geschäftsherrn (Kunde). Dabei ist für das Rechtsverhältnis zwischen dem Geschäftsherrn einerseits und dem Geschäftsführer andererseits der Grundgedanke des § 666 BGB (Pflicht zur Information) und der Grundsatz von Treu und Glauben (§ 242 BGB) zu beachten.[30] Das heißt auch, dass die gewünschte Auskunft nur in dem durch den Auftrag abgesteckten Rahmen von der Bank zu erteilen ist.[31]

Für den Fall, dass von der Bank nicht die erforderlichen Nachrichten im Sinne von § 666 1. Var. BGB gegeben wurden, kann der Auftraggeber (Erblasser/Erbe) weitere Auskünfte verlangen, soweit er diese selbst subjektiv für erforderlich hält.[32]

Der Auftraggeber kann auch erneut Auskunft verlangen. Es ist dann glaubhaft zu machen, dass die mit der bereits erteilten Auskunft gegebene Information verloren gegangen ist.[33] Dabei muss dem Beauftragten (der Bank) die erneute Auskunftserteilung noch möglich und zumutbar sein.[34]

Sofern die Bank den Zugang der Informationen bei dem Erben nicht nachweisen kann (Einschreiben mit Rückschein, Zeugnis des Bankangestellten, die Unterlagen dem Erblasser persönlich übergeben zu haben), wird dieser vortragen, der Erblasser habe von der Bank keine Unterlagen erhalten: In dem Nachlass des Erblassers seien die gewünschten Unterlagen (bspw. Kontoauszüge, Depotauszüge, Jahressteuerbescheinigungen) nicht auffindbar und daher seien sie dem Erblasser auch nie zugegangen.

Wird Auskunft über einen Inbegriff von Vermögensgegenständen gefordert, ist § 260 BGB zu beachten. Der Verpflichtete hat in diesen Fällen ein Verzeichnis vorzulegen. Ergibt sich der Verdacht, dass die Auskunft unrichtig ist, kann auf Verlangen des Berechtigten die Abgabe der Versicherung an Eides statt verlangt werden.[35]

cc) Grenzen des Auskunftsanspruchs

Der vertragliche Auskunftsanspruch hat genau wie der gesetzliche Auskunftsanspruch Grenzen. Diese finden sich in den anerkennenswerten privaten und geschäftlichen Geheimhaltungsinteressen der Bank.

---

30 MünchKomm/*Seiler*, 4. Aufl., § 666 Rn. 7.
31 Vgl. hierzu BGH NJW 2001, 1486.
32 Erman/*Ehmann*, 2004, § 666 Rn. 25.
33 Vgl. hierzu BGH NJW 2001, 1486, 1487.
34 BGH NJW 1989, 1601; NJW 1985, 2699.
35 RGZ 90, 137, 139; BGH NJW 1964, 1469.

Das Geheimhaltungsinteresse der Bank ergibt sich aus dem Datenschutzrecht, dem Recht am eingerichteten und ausgeübten Gewerbebetrieb oder den sonstigen berechtigten, gewerblichen Geheimhaltungsinteressen. Zu Letzteren gehört insbesondere auch das Bankgeheimnis.

Dabei ist jedoch zu beachten, dass das Informationsinteresse des Geschäftsherrn einem allgemeinen Geheimhaltungsinteresse des Beauftragten, somit der Bank, vorgeht. Die Bank ist so zum einen zwar zur besonderen Geheimhaltung verpflichtet. Zum anderen wirkt dieser Geheimnisschutz nicht gegenüber dem Kunden, dem Erblasser. Dieser ist der „Herr des Geheimnisses".

Die Grenze des Geheimhaltungsinteresses besteht auch nicht gegenüber den Erben des Bankkunden und sonstigen Rechtsnachfolgern, auf die die Rechte und Pflichten aus dem Geschäft mit der Bank übergegangen sind. Die Bank kann sich insoweit nicht auf das Bankgeheimnis berufen. Dieses gilt jedoch dann nicht, wenn der Erblasser das Auskunftsrecht gegen die Bank insoweit ausdrücklich und wirksam ausgeschlossen hat.[36]

Eine weitere Grenze des Auskunftsanspruchs kann sich daraus ergeben, dass das Informationsinteresse des Bankkunden so unbedeutend ist, dass es in keinem Verhältnis zum Aufwand der Bank steht, der zur Erteilung der Auskunft betrieben werden müsste.[37] Als Maßstab kann hier auf § 275 Abs. 2 S. 1 BGB zurückgegriffen werden. Da die Auskunft der Bank in der Regel computergestützt erteilt wird (Kontoauszüge, Depotauszüge, Ankaufs- und Verkaufsbelege), wird sie sich jedoch insoweit nicht auf § 275 Abs. 2 berufen können.[38]

Die Erteilung der Auskunft ist nicht wegen der mit der Suche nach den Unterlagen verbundenen Arbeit unzumutbar. Dies gilt selbst dann, wenn sich die Unterlagen nicht an einem Ort, sondern in verschiedenen Niederlassungen und Filialen der Bank befinden.[39]

Die Bank kann sich auch nicht darauf berufen, sie nehme an, dass die zur Auskunftserteilung benötigten Unterlagen zumindest teilweise vernichtet seien. Diese Annahme ist im Rahmen des § 138 Abs. 4 ZPO nicht ausreichend. Die Bank ist in der Lage, sich durch Nachforschungen in ihrem eigenen Unternehmensbereich Gewissheit über den Verbleib der Unterlagen zu verschaffen.

---

36 BGH NJW-RR 1990, 131.
37 BGH WM 1984, 1164; NJW 1998, 2969; KG NJW-RR 2002, 708.
38 Vgl. hierzu BGH WM 1984, 1164, 1165.
39 BGH NJW 2001, 1486, 1487.

Nur soweit die Bank substantiiert behauptet, die Unterlagen seien tatsächlich vernichtet worden, ist die Auskunftserteilung nicht durch den etwaigen Ablauf der handelsrechtlichen Aufbewahrungsfristen unzumutbar geworden.[40] Es erlischt somit der Auskunftsanspruch nicht wegen Unzumutbarkeit der Informationsbeschaffung mit Ablauf der handelsrechtlichen Aufbewahrungsfristen, wenn die Bank die zur Auskunftserteilung benötigten Unterlagen über den Fristablauf hinaus aufbewahrt hat.

Eine Berufung der Bank auf § 275 Abs. 3 BGB mit dem Hinweis, durch die Auskunft würde man sich einer strafbaren Handlung bezichtigen, greift nicht. Gerade bei Verdacht der Veruntreuung von Vermögen des Auftraggebers kommt dessen Informationsanspruch eine herausragende Bedeutung zu.[41]

Der Bank steht auch kein Zurückbehaltungsrecht nach § 273 BGB zu, da sich aus dem Schuldverhältnis etwas anderes ergibt: Die Bank ist vorleistungspflichtig.[42]

Die Bank kann auch nicht die Informationsbeschaffungskosten gegen den Auskunftsanspruch einwenden, wenn diese Zug um Zug gegen die Erteilung der Informationen erstattet werden. Die Informationsbeschaffungskosten können somit bei angebotener Kostenerstattung eine Auskunftsverweigerung nicht rechtfertigen.[43] Im Gegensatz dazu kann der Geschäftsherr jedoch die Erfüllung ihm obliegender Pflichten von der Erteilung erforderlicher und verlangter Informationen abhängig machen.[44]

c) Individualvereinbarungen

Der Anspruch aus § 666 BGB ist Parteivereinbarungen zugänglich. Er kann durch ausdrückliche oder stillschweigende Vereinbarung ausgeschlossen oder modifiziert werden.[45]

Ein Ausschluss der Informationsansprüche durch Allgemeine Geschäftsbedingungen ist regelmäßig nach § 307 BGB unwirksam.

---

40 BGH NJW 1995, 130; NJW 2001, 1486, 1487.
41 AnwaltKomm/*Schwab*, § 666 Rn. 11; BGHZ 41, 318, 300, 2211.
42 RGZ 102, 110; BGH BB 1976, 1192; OLG Frankfurt NJW 1985, 3083; Staudinger/*Martinek*, § 666 Rn. 16.
43 BGH NJW 2001, 1486, 1488; *Baltzer*, EWIR 2000, 1041, 1042.
44 BGHZ 57, 292, 299; MünchKomm/*Keller*, § 259 Rn. 25; Erman/*Ehmann*, § 666 Rn. 58.
45 Staudinger/*Martinek*, § 666 Rn. 17; kritisch hierzu *Locher*, NJW 1968, 2324, 2326; Bamberger/Roth/*Czub*, § 666 Rn. 4.

Weiter ist zu sehen, dass eine Einzelvereinbarung über den Ausschluss des Informationsanspruchs sittenwidrig sein kann. Dies ist beispielsweise der Fall, wenn sich jemand die Vermögensverwaltung von einem anderen übertragen lässt und der Informationsausspruch ausgeschlossen wird.[46]

Wird über Jahre hinweg kein Anspruch auf Auskunft und Rechenschaft erhoben, kann darin ein Verzicht auf den Anspruch liegen.[47] Der Anspruch lebt jedoch wieder auf, sobald Zweifel an der Zuverlässigkeit des Geschäftspartners aufgetreten sind.[48]

Die Vereinbarung zwischen Bank und Kunden in einem Wertpapierdepotverwaltungsvertrag, durch die die Bank „nach freiem Ermessen und ohne vorherige Einholung von Weisungen oder Zustimmung" des Kunden handeln darf, stellt noch keinen Verzicht des Kunden auf den Benachrichtigungsanspruch im Sinne von § 666 Alt. 1 BGB dar, wenn zugleich vereinbart ist, dass der Kunde jederzeit frist- und grundlos kündigen kann. Der Kunde kann über die Ausübung seines Kündigungsrechts schließlich nur dann sachgemäß entscheiden, wenn die Bank ihren gesetzlichen Pflichten zur Benachrichtigung des Klägers nicht nachkam.[49]

Die Informationspflicht kann nicht nur eingeschränkt werden. Sie kann vielmehr auch eine Erweiterung erfahren. So kann vereinbart werden, dass die Bank nicht nur die „erforderlichen Nachrichten" zu erteilen hat, sondern darüber hinaus zusätzliche, den Kunden interessierende Informationen zu geben hat.

d) Allgemeine Geschäftsbedingungen

Wie in fast jeder Branche finden sich auch im Bankenbereich „Allgemeine Geschäftsbedingungen". Diese dienen der näheren Ausgestaltung der vertraglichen Beziehungen zwischen Bank und Kunden. Seit 1937 regeln Banken ihre Geschäftsbeziehungen mit den Kunden ebenfalls durch Allgemeine Geschäftsbedingungen.

Zurzeit gelten die „Allgemeinen Geschäftsbedingungen der privaten Banken und der Genossenschaftsbanken" in der Fassung vom April 2002.[50] Im Bereich der Sparkassen gelten die so genannten AGB-Spar-

46 Erman/*Ehmann*, § 666 Rn. 41.
47 BGHZ 10, 385.
48 RG JW 1938, 1892; BGHZ 39, 87, 93.
49 BGH NJW 1994, 1861, 1862.
50 Anlage 1; Einzelheiten: *Sonnenhol*, WM 2002, 1, 1259.

kassen.[51] Sie gelten ebenfalls in ihrer Fassung vom April 2002 und sind den AGB-Banken angeglichen.

Von wesentlicher Bedeutung ist Ziffer 5 der Allgemeinen Geschäftsbedingungen der privaten Banken und der Genossenschaftsbanken in der Fassung vom April 2002:

5. Verfügungsberechtigung nach dem Tod des Kunden
Nach dem Tod des Kunden kann die Bank zur Klärung der Verfügungsberechtigung die Vorlage eines Erbscheins, eines Testamentsvollstreckerzeugnisses oder weiterer hierfür notwendiger Unterlagen verlangen; fremdsprachige Urkunden sind auf Verlangen der Bank in deutscher Übersetzung vorzulegen. Die Bank kann auf die Vorlage eines Erbscheins oder eines Testamentsvollstreckerzeugnisses verzichten, wenn ihr eine Ausfertigung oder eine beglaubigte Abschrift der letztwilligen Verfügung (Testament, Erbvertrag) nebst zugehöriger Eröffnungsniederschrift vorgelegt wird. Die Bank darf denjenigen, der darin als Erbe oder Testamentsvollstrecker bezeichnet ist, als Berechtigten ansehen, ihn verfügen lassen und insbesondere mit befreiender Wirkung an ihn leisten. Dies gilt nicht, wenn der Bank bekannt ist, dass der dort Genannte (z. B. nach Anfechtung oder wegen Nichtigkeit des Testaments) nicht verfügungsberechtigt ist, oder wenn ihr dies infolge Fahrlässigkeit nicht bekannt geworden ist.“

Ziffer 5 der Allgemeinen Geschäftsbedingungen behandelt so die Verfügungsberechtigung des Erben nach dem Tod des Kunden.

Danach kann die Bank grundsätzlich die Vorlage folgender Urkunden fordern:

- Den Erbschein (§§ 2553 ff. BGB),
- das Testamentsvollstreckerzeugnis (§ 2368 BGB),
- eine Ausfertigung beziehungsweise beglaubigte Abschrift der letztwilligen Verfügung nebst Eröffnungsniederschrift.

Legt der Erbe die auf Grund der Allgemeinen Geschäftsbedingungen geforderten Unterlagen vor, ist die Bank zur Auskunftserteilung verpflichtet. Dies gilt jedoch dann nicht, wenn der Bank positiv bekannt ist oder ihr sich auf Grund der Umstände die Erkenntnis aufdrängen muss, dass dem vermeintlichen Erbberechtigten kein Erbrecht zusteht.

51 Textabdruck ZBB 2002, 139; Einzelheiten: *Danco*, ZBB 2002, 136 ff.

Daher muss sich die Bank auch nicht mit der Vorlage des privatschriftlichen Testaments zufrieden geben. Diesem haftet häufig der „Makel“ an, die Erbfolge sei nicht mit der im Rechtsverkehr erforderlichen Eindeutigkeit zu bestimmen.[52] Schließlich könnte der Bank auch ein überholtes Testament vorgelegt werden. Daher wird nach dem Erbfall die Beantragung eines Erbscheins zur Feststellung der Abfolge grundsätzlich unumgänglich sein.

Das notarielle Testament ist jedoch in der Regel als hinreichender Nachweis erbrechtlicher Legitimation anzusehen. Ziffer 5 der Allgemeinen Geschäftsbedingungen der Banken darf nicht dahin verstanden werden, dass die Bank jederzeit und ohne Angabe von Gründen das ihr vorgelegte Testament als Legitimationsgrundlage zurückweisen kann.

Das Verlangen der Bank zur Vorlage eines Erbscheins lediglich aus formalen Gründen, weil dies in den Allgemeinen Geschäftsbedingungen der Banken so vorgesehen ist, ist rechtsmissbräuchlich.

Kann somit die erbrechtliche Legitimation auf andere Weise zur Überzeugung der Bank erbracht werden, ist das Verlangen der Vorlage eines Erbscheins unzulässig. Es wird jedoch die Meinung vertreten, dass ausschließlich der Bank die Entscheidung über die Eindeutigkeit des Erbschaftsnachweises zuzubilligen ist.[53]

Der BGH[54] hat zu der Frage des Nachweises der Erbenstellung Folgendes entschieden: Der Erbe ist grundsätzlich nicht verpflichtet, sein Erbrecht durch einen Erbschein nachzuweisen. Er habe auch die Möglichkeit, den Nachweis seines Erbrechts in anderer Form zu erbringen.

Diese Entscheidung kann jedoch nicht verallgemeinert werden. In dem vom BGH entschiedenen Fall waren die Allgemeinen Geschäftsbedingungen der beklagten Bank nämlich gerade nicht Vertragsbestandteil geworden. Es kam somit für die Frage, ob die Bank die Vorlage eines Erbscheins verlangen kann, gerade nicht auf Ziffer 5 Allgemeine Geschäftsbedingungen der Banken an.

---

52 *Werkmüller*, Anm. zu BGH, Urt. v. 7. 6. 2005 – XI ZR 311/04, ZEV 390.
53 *Werkmüller*, Anm. zu BGH, Urt. v. 7. 6. 2005 – XI ZR 311/04, ZEV 390.
54 BGH, Urt. v. 7. 6. 2005 – XI ZR 311/04, ZEV 388.

Das Oberlandesgericht Celle[55] hatte zu entscheiden, ob Ziffer 5 der Sparkassen AGB einer Inhaltskontrolle nach dem AGBG[56] standhält.[57] Dem Urteil lag folgender Sachverhalt zu Grunde:

Die Erblasserin E unterhielt bei der B-Bank ein Depot. Nachdem der vermeintliche Alleinerbe A der B-Bank ein notarielles Testament vorgelegt hatte, übertrug diese an ihn das gesamte Depot. Später stellte dann das Amtsgericht der C einen Erbschein aus. Danach sollte sie alleinige Erbin der Erblasserin sein. Das der B-Bank vorgelegte Testament war auf Grund der Bindungswirkung eines Ehegattentestaments unwirksam.

Unter Berufung auf Ziffer 5 der Allgemeinen Geschäftsbedingungen, die der Inhaltskontrolle des Oberlandesgerichts Celle standhielten, war die Bank berechtigt, bei Vorlage einer Ausfertigung oder beglaubigte Abschrift einer Verfügung von Todes wegen sowie der Niederschrift über die zugehörige Eröffnungsverhandlung an die dort als Erbe bezeichnete Person mit befreiender Verfügung zu leisten.

Dies galt auch deshalb, weil die Bank keinerlei Anhaltspunkte dafür hatte, dass das notarielle Testament unwirksam hätte sein können. Insbesondere wurde berücksichtigt, dass das notarielle Testament noch kein Jahr alt war. Das Risiko einer anderweitigen – jüngeren – Verfügung des Erblassers konnte daher vernachlässigt werden.

3. Übertragung des Auskunftsanspruchs

a) Grundsätzliches

Auskunftsansprüche zu Forderungen können grundsätzlich nicht isoliert übertragen werden (§ 399 BGB). Die Informationspflicht des Beauftragten, der Bank, stellt nach § 666 BGB eine unselbstständige Nebenpflicht dar. Sie ist daher auch grundsätzlich nicht isoliert abtretbar.[58] Der Auskunftsanspruch nach § 666 BGB kann daher in der Regel nur in Verbindung mit dem Herausgabeanspruch (Hauptanspruch) nach § 667 BGB abgetreten werden.[59]

---

55 OLG Celle NJW 1998, 82.

56 Heute §§ 307 ff. BGB.

57 Die Allgemeinen Geschäftsbedingungen der Geldinstitute (Banken und Sparkassen) übernahmen anlässlich deren Neufassung (1. April 2002) Ziffer 5 unverändert.

58 MünchKomm/*Seiler*, § 666 Rn. 3; Erman/*Ehmann*, § 666 Rn. 39.

59 RG JW 1931, 5, 125; Palandt/*Sprau*, § 666 Rn. 1; Staudinger/*Martinek*, § 666 Rn. 2.

b) Ausnahmen

Von diesem Grundsatz sind Ausnahmen möglich. Ist beispielsweise der Auftraggeber aus einem anderen Rechtsgrund gegenüber einem Dritten zur Auskunft verpflichtet und kann dieser Pflicht nach isolierter Auskunftserteilung durch den Beauftragten (Bank) nachgekommen werden, kann auch nur der Auskunftsanspruch an Dritte zur Geltendmachung gegenüber dem Beauftragten abgetreten werden:

Ist so das Informationsrecht des Erblassers gegen die Bank nach dem Erbfall auf den Erben übergegangen, kann dieser seinen Auskunftsanspruch, den nur die Bank erfüllen kann, an den Pflichtteilsberechtigten übertragen, dem der Erbe zu Auskunft verpflichtet ist (§ 2314 BGB).[60]

Das Auskunftsrecht ist auch dann als selbstständiges Recht zu qualifizieren, wenn kein weitergehender Anspruch vorliegt, zu dessen Vorbereitung die Auskunft dienen soll.[61]

Bedient sich der Geschäftsherr (potenzieller Erblasser) einer für seine Bankangelegenheiten beauftragten Person gilt Folgendes: Der Auskunftsanspruch des Geschäftsherrn auf Information aus § 666 BGB geht im Rahmen der Rechtsnachfolger mit seinem Tod auf den Erben über. Er endet nicht mit dem Tod des vom Erblasser Beauftragten, wie es in § 673 S. 1 BGB für den Zweifelsfall vorgesehen ist.[62] Dies gilt auch in Bezug auf den Auskunftsanspruch gegen die Bank.[63]

Es können jedoch die Auskunftspflichten der Bank nach § 666 BGB mit dem Tod des Bankkunden endeten. Dies ist beispielsweise der Fall, wenn der Erblasser und seine Bank vereinbart haben, dass der Auskunftsanspruch des verstorbenen Bankkunden ihm nur höchstpersönlich zustehen sollte.[64]

4. Mehrheit von Auftraggebern (Erben)

Der Auskunftsanspruch gegen die Bank kann auch mehreren Auftraggebern zustehen. Dies ist beispielsweise der Fall, wenn die Bank den Mit-

60 BGH NJW 1989, 1601.
61 BGH NJW 2001, 1486.
62 BGH NJW 1988, 2729.
63 BGH NJW 1989, 1601; OLG Frankfurt MDR 1966, 503; *Ließecke*, WM 1975, 248.
64 BGH NJW-RR 1990, 131.

gliedern einer Erbengemeinschaft (Gesamthandsgemeinschaft) gegenübersteht. Hinsichtlich der Auskunftsrechte werden hier zwei grundsätzliche Meinungen vertreten.

Zum einen wird vertreten, dass der Auskunftsanspruch eine unteilbare Leistung im Sinne des § 432 BGB darstellt. Sie könne daher grundsätzlich nur einheitlich erteilt und nur an alle Miterben erteilt werden.[65]

Zum anderen wird vertreten, dass Schutz- und Nebenpflichten, wozu auch die Auskunftspflicht gehört, grundsätzlich jedem einzelnen gesonderten Gläubiger zustehen.[66]

Folgt man der Ansicht, dass die Bank nach § 432 BGB nur an alle informationsberechtigten Erben gemeinschaftlich Auskunft zu erteilen hat, müssen alle Miterben die Leistung an alle verlangen. Eine Ausnahme hiervon soll möglich sein, wenn ein besonderes Individualinteresse eines Erben ersichtlich ist.

Dies ist beispielsweise dann der Fall, wenn die Bank nicht an alle Miterben die geschuldete Auskunft erteilen kann, oder wenn nicht alle Erben bekannt sind und kein Nachlasspfleger (§ 1960 BGB) bestellt wurde. Fehlt ein besonderes Individualinteresse, soll dem Erben nichts anderes übrig bleiben, als Klage auf gemeinschaftliche Auskunftserteilung gegen die Miterben zu erheben, die sich der Zustimmung zur Auskunft verweigern.[67] Im Klageantrag ist deutlich zum Ausdruck zu bringen, dass an jeden einzelnen Miterben, die namentlich mit Anschrift zu benennen sind, Auskunft erteilt werden soll.

Praxisnäher und interessengerecht ist es, jedem Erben ein individuelles Auskunftsrecht zuzugestehen. So hat der BGH entschieden,[68] dass, wenn einzelne Mitglieder einer Bruchteilsgemeinschaft über viele Orte verstreut sind, sodass eine gemeinsame Verständigung schwierig ist, dem Einzelnen ein Individualinteresse zugewiesen werden muss.

Diese Situation findet sich grundsätzlich auch unter Miterben. Sie wohnen in der Regel nicht mehr alle an einem Ort. Tendenzen sind ersichtlich, dass diese auch in unterschiedlichen Staaten leben. Selbst wenn es eine räumliche Nähe geben würde, ergibt sich auf Grund der unterschiedlichen Interessen oft keine Möglichkeit, eine gemeinsame Erklärung abzugeben.

---

65 Staudinger/*Martinek*, § 666 Rn. 3.
66 Erman/*Ehmann*, § 666 Rn. 46 m. w. N.
67 Staudinger/*Martinek*, § 666 Rn. 3 mit Hinweis auf BGHZ 106, 222, 226, BayObLG, 1989, 386.
68 BGH NJW 1996, 646.

Sofern Einigkeit zwischen den Erben bestehen sollte, gibt es nicht das Problem, dass alle Erben im Gleichklang ihren Auskunftsanspruch geltend machen.

So hat auch das Oberlandesgericht Koblenz entschieden, dass einem Miterben sogar trotz des ausdrücklichen Widerspruches anderer Miterben Einsichtnahme in die steuerlichen Unterlagen des Erblassers zu gewähren ist.[69]

Der Auskunftsanspruch gegen die Bank ist auch im Zusammenhang mit dem so genannten Bankgeheimnis zu sehen. Das Bankgeheimnis folgt aus dem Kontovertrag und insbesondere den Allgemeinen Geschäftsbedingungen der Banken.[70] Die Bank ist danach zur Verschwiegenheit über alle kundenbezogenen Tatsachen und Bewertungen verpflichtet. Sie darf Informationen über den Kunden, den Erblasser, nur weitergegeben, wenn sie von Gesetzes wegen hierzu bestimmt oder zur Auskunftserteilung befugt ist oder der Erblasser eingewilligt hat.[71]

Die Berechtigung des Erben beziehungsweise des Miterben auf Auskunft ergibt sich aus § 1922 BGB (Universalsukzession). Die Erbschaft geht somit als Ganzes auf die Erben über. Mit dem Erbgang werden Bankkonten auf die Erben übertragen. Den Auskunftsanspruch des Erblassers (§ 675, 666 BGB) erhält dann der Erbe oder die Erben.[72] Hieraus ergibt sich, dass der Erbe dieselben Rechte gegen die Bank hat wie der Erblasser.[73]

In seiner Entscheidung vom 28. Februar 1989 hält der BGH unter bestimmten Voraussetzungen eine Bankauskunft für unangemessen.[74] Diese Entscheidung ist jedoch nicht anwendbar, wenn es um die Frage von Auskunftsrecht in der Erbengemeinschaft geht.

Daher wird, insbesondere von den Banken, die Vorschrift des § 2039 BGB als Rechtsgrundlage für einen Auskunftsanspruch der Miterben herangezogen. Danach kann bei einem zum Nachlass gehörenden Anspruch nur an alle Erben gemeinschaftlich geleistet werden. Folgt man dem, machte jeder der einzelnen Miterben einen gesamthänderischen Anspruch geltend. Die Bank kann demnach nur an die Erbengemeinschaft leisten und jeder Miterbe kann nur die Leistung an alle Miterben fordern (§ 2039 S. 1 BGB).

---

69 OLG Koblenz BB 1991, 1663.
70 *Aden*, Bankrecht 1995, 97.
71 *Krümmpel*, Bank- und Kapitalmarktrecht, 1995, 67.
72 Palandt/*Edenhofer*, § 1922 Rn. 1.
73 *Sarres/Afraz*, ZEV 1995, 433, 435 m. w. N.
74 BGH NJW 1989, 1671.

Die Bedenken gegen eine Heranziehung des § 2039 BGB sind jedoch vielfältig.[75] Bedenken ergeben sich insbesondere daraus, dass mit Hinweis auf eine gesamthänderische Forderung ein einzelner Miterbe rechtsmissbräuchlich die Interessen der Erbengemeinschaft beeinträchtigen kann. So stellt die geforderte Auskunft für eigene Prozesszwecke nicht eine Rechtsposition dar, die der Erbengemeinschaft als Rechtsträgerin zuzuordnen ist.[76]

Andererseits wird aber auch vertreten, bei Miterben bestehe die Besonderheit, dass nicht nur der Anspruch auf Auskunft des Erblassers, sondern auch der auf Geheimhaltung (Bankgeheimnis) mit dem Erbfall auf die Mehrheit von Erben übergegangen ist. Hieraus soll sich eine „Gesamthänderische Qualität" ergeben.[77] Mit der Berufung auf das Bankgeheimnis kann jedoch nicht der Auskunftsanspruch des einzelnen Miterben gegen die Bank abgewiesen werden.

Zunächst ist zu sehen, dass die „Gesamthänderische Qualität" im Erbrecht der Werterhaltung des Nachlasses im Interesse des einzelnen Miterben dient.[78] So kann der Hauptanspruch, der mehreren Miterben grundsätzlich gemeinschaftlich zusteht, von jedem Miterben, jedoch nur gemäß § 432 BGB an alle Miterben verlangt werden. Die Auskunft dagegen – auch nur an einen Miterben – dient der Transparenz und damit der Erbengemeinschaft insgesamt. Bei der Auskunft handelt es sich auch um eine durchaus „teilbare Leistung". Jeder Miterbe kann ohne Beeinträchtigung des anderen Miterben gesondert Auskunft verlangen.

Sofern der Bank durch das Auskunftsersuchen Kosten entstehen, steht ihr selbstverständlich eine adäquate Vergütung zu, die üblicherweise auch geltend gemacht wird.

Da es sich bei der Auskunft auch um eine Schutz- und Nebenpflicht handelt, muss diese im Interesse des Miterben, aber auch der Erbengemeinschaft grundsätzlich jedem einzelnen Miterben zugebilligt werden.[79]

Der Auskunftsanspruch kann auch nicht auf § 2038 Abs. 1 S. 2 BGB gestützt werden. Die Vorschrift ist keine „actio" für auskunftsverlangende Miterben. Die Auskunftserteilung stellt schließlich keine Maßnahme ordnungsgemäßer Verwaltung dar. Die ordnungsgemäße Verwaltung des

---

75 *Sarres/Afraz*, ZEV 1995, 433, 435.
76 *Sarres/Afraz*, ZEV 1995, 433, 435.
77 *Sarres*, Erbrechtliche Auskunftsansprüche, 2004, S. 95 m. w. N.
78 MünchKomm/*Heldrich*, § 2040 Rn. 1.
79 Erman/*Ehmann*, § 666 Rn. 46; BGH NJW 1996, 656; WM 1966, 1037.

Nachlasses umfasst lediglich Maßnahmen, die der Erhaltung oder Vermehrung des Nachlasses dienen.[80]

Fazit:

Macht ein Miterbe sein Auskunftsrecht gegen die Bank geltend, beruft diese sich in der Regel auf § 2038 BGB. Der Miterbe, der das Auskunftsrecht selbstständig geltend machen kann, sollte daher aus pragmatischen Erwägungen heraus die geforderte Auskunft an sich und alle anderen Miterben fordern.

Der Bank ist zu empfehlen, dass sie in einem solchen Fall die Auskunft dem Auskunft fordernden Miterben und allen anderen Miterben erteilt, sofern sie diese kennt. Sie könnte dazu den Auskunft fordernden Miterben um Benennung der anderen Miterben auffordern. Wird der Bank insoweit keine Auskunft erteilt, ist das Auskunftsbegehren allerdings auch ohne diese Bedingung zu erfüllen.[81]

Hinweis:

Im Falle einer Auskunftsklage gegen die Bank wird das Gericht darauf achten, dass sich aus dem Klageantrag sämtliche Erben ergeben. Es sollten deren vollständige und korrekte Namen sowie Anschrift angegeben werden. In der Regel sind diese bekannt. Sie ergeben sich beispielsweise aus dem Erbschein. Hieraus könnte sich auch der Nachlasspfleger für einen unbekannten Erben ergeben. Gegebenenfalls ist ein solcher zu beantragen.

5. Verjährung

Der Auskunftsanspruch verjährt grundsätzlich nach den §§ 196, 199 Abs. 1 Nr. 2 BGB in drei Jahren, beziehungsweise nach § 199 Abs. 3 Nr. 1 BGB in zehn Jahren. Zu beachten ist, dass jedoch ein Herausgabeanspruch nach § 197 Abs. 1 Nr. 1 BGB nach 30 Jahren verjährt.[82]

80 Palandt/*Edenhofer*, § 2038 BGB Rn. 3; vgl. hierzu auch AG Rheinberg ZEV 1996, 315.
81 *Bartsch*, ZErb 1999, 20.
82 Zur Neuregelung der Verjährungsfristen im Erbrecht vgl.: RegE Gesetz zur Änderung des Erb- und Verjährungsrechts.

Der Auskunftsanspruch zur Durchsetzung des Herausgabeanspruches verjährt somit wesentlich früher. Vor diesem Hintergrund ist auf den Grundsatz zurückzugreifen, dass Hilfsansprüche grundsätzlich den für die primären Ansprüche maßgeblichen Verjährungsfristen folgen.[83] Dadurch können kürzere Verjährungsfristen über ihre eigentliche Frist hinaus ausgedehnt werden.

Die Folge ist, dass der Auskunftsanspruch erst nach 30 Jahren verjährt sein kann, wenn er der Vorbereitung und Durchsetzung eines Herausgabeanspruchs dient.[84]

Zu beachten ist jedoch, dass es sich hier um einen dinglichen Herausgabeanspruch handeln muss. Insbesondere ist hier an den Anspruch des Eigentümers (Erben) aus § 985 BGB zu denken: Die Erben haben als Rechtsnachfolger des Erblassers gegen die Bank einen Anspruch auf Herausgabe von Gegenständen wie beispielsweise Goldbarren, Münzen u.Ä.

In der Praxis greift jedoch die dreijährige Verjährungsfrist (§ 195 BGB) beziehungsweise die Zehnjahresfrist des § 199 BGB.

Nach § 199 Abs. 1 Nr. 1 BGB beginnt die regelmäßige Verjährungsfrist mit dem Schluss des Kalenderjahres, in dem der Anspruch entstanden ist. In den Fällen, in denen der Schuldner nicht von sich aus leisten muss, der Gläubiger aber jederzeit die Leistung fordern kann (verhaltene Ansprüche),[85] wird der Anspruch, hier der Auskunftsanspruch, erst dann fällig, wenn Auskunft verlangt wird. Dies hat der Gesetzgeber in den §§ 695 S. 2, 696 S. 3 BGB ausdrücklich geregelt.

Diese Regelung ist grundsätzlich analog auf alle verhaltenen Ansprüche anzuwenden.[86]

In diesem Zusammenhang ist auch eine Entscheidung des BGH[87] – ergangen vor der Schuldrechtsreform – zu beachten:

Danach erlischt der Auskunftsanspruch gegen die Bank nicht unbedingt mit Ablauf der handelsrechtlichen Aufbewahrungsvorschriften. Sofern und soweit die Bank zur Auskunftserteilung benötigte Unterlagen über die handelsrechtlichen Aufbewahrungsfristen des § 257 HGB hinaus auf-

83 Palandt/*Heinrichs*, § 195 Rn. 15.
84 Erman/*Ehmann*, § 666 Rn. 52.
85 Palandt/*Heinrichs*, § 271 Rn. 1.
86 MünchKomm/*Grothe*, § 199 Rn. 7; AnwaltsKomm/*Mansell/Stürner*, § 199 Rn. 23; Palandt/*Heinrichs*, § 199 Rn. 8.
87 BGH NJW 2001, 1486.

bewahrt hat, berechtigte der Fristablauf alleine nicht dazu, das verfügbare Wissen dem Kunden, somit dem Erben, vorzuenthalten.

6. Beweislast

In einem ersten Schritt hat der Geschäftsherr (Erbe) zu beweisen, dass ein Auftrag vorliegt oder ein Geschäftsbesorgungsvertrag geschlossen wurde. Weiter hat er zu beweisen, was Gegenstand der Geschäftsbesorgung ist. Darüber hinaus trägt der Geschäftsherr (Erbe) die Beweislast für eine Pflichtverletzung: Verweigerung der Auskunft.

Es ist nicht erforderlich, dass der Geschäftsherr darlegt oder beweist, wozu er die Auskunft benötigt.[88]

Den Beauftragten (Bank) trifft die Beweislast dafür, dass er seiner Auskunftspflicht (§ 666, 2. Alt. BGB) nachgekommen ist.[89] Es trifft ihn auch die Beweislast für die Richtigkeit seiner Auskunft, der vorgelegten Rechnungen (§ 259 BGB).

Die Erbringung der Auskunft bedarf keiner besonderen Form. Sie muss daher auch nicht schriftlich erfolgen. Jedoch trägt der auskunftspflichtige Beauftragte, die Bank, die Beweislast dafür, dass er die geschuldete Auskunft rechtzeitig gegeben hat. Mit der Absendung der geschuldeten Information ist sie ihrer Auskunftspflicht nachgekommen. Es kommt nicht darauf an, dass das Schreiben den Geschäftsherrn erreicht.[90]

Die gegebene Auskunft muss hinreichend ausführlich und verständlich sein. Sie muss den Geschäftsherrn in die Lage versetzen, das Erforderliche zu tun oder veranlassen zu können. Um dieses zu ermöglichen, hat der sachkundige Beauftragte die Geschäftserfahrung und das Verständnisvermögen des Geschäftsherrn zu beachten. Der Empfängerhorizont des Erben ist daher Maßstab für die Verständlichkeit der gegebenen Auskunft.[91]

---

88 Erman/*Ehmann*, § 666 Rn. 60.
89 Palandt/*Sprau*, § 666 Rn. 4.
90 BGH NJW 2002, 2703, 2704.
91 Erman/*Ehmann*, § 666 Rn. 23; BGH NJW 2002, 2703, 2704.

II. Auskunftsberechtigte

1. Erbe, Vor- und Nacherbe, Ersatzerbe, Schlusserbe

RA/FAfErbR/Abogado (Spanien) Niels Becker

a) Allgemeines

Als Rechtsnachfolger des verstorbenen Bankkunden tritt der Erbe im Rahmen der Gesamtrechtsfolge in alle Rechtspositionen ein, die der Erblasser innegehabt hatte. Dies gilt auch für die Auskunftsrechte des verstorbenen Kunden gegenüber der Bank gemäß §§ 675, 666 BGB aus dem Bankvertrag.[92] Auf Grund des Vertragsverhältnisses mit dem ehemaligen Kunden hat die Bank nunmehr gegenüber dem Erben als dessen Rechtsnachfolger sämtliche Verpflichtungen wahrzunehmen, die ihr ursprünglich dem Erblasser gegenüber oblagen.[93]

Für die hier interessierenden Auskunftsansprüche heißt das zunächst, dass dem Erben im gleichen Umfang Auskunftsrechte wie dem verstorbenen Kunden zustehen. Darüber hinaus kann sich ein besonderes Auskunftsinteresse des Erben ergeben, das über das Interesse des Erblassers hinausgeht. Dies kann beispielsweise der Fall sein, wenn der Erblasser Vermögensverschiebungen getätigt hat, die ausgleichungspflichtig sind oder Pflichtteilsergänzungsansprüche auslösen können. Andererseits kann unter Umständen das Recht des Erben beschränkt sein, wenn der Erblasser die Bank instruiert hat, insbesondere persönlichkeitsbezogene Daten nicht an den Erben weiterzugeben.[94]

---

92 BGH, Urt. v. 28. 2. 1989 – XI ZR 91/88, NJW 1989, 1601 = BB 1989, 734, 735; OLG Frankfurt/M., Beschl. v. 7. 5. 1965 – 15 W 40/65, MDR 1966, 503; *Schebesta*, Bankprobleme beim Tod eines Kunden, 11. Aufl., Wiesbaden 1998, Rn. 118; *Sichtermann/Feuerborn/Kirchherr/Terdenge*, Bankgeheimnis und Bankauskunft, 3. Aufl., Frankfurt/M. 1984, S. 174; *Canaris*, Bankvertragsrecht, 3. Aufl., Rn. 55, 204, 217.

93 *Werkmüller*, ZEV 2000, 305, 305.

94 Vgl. hierzu die Ausführungen unter c).

Für die Legitimation des Kunden gegenüber der Bank gilt Ziffer 5 der AGB-Banken. Danach kann die Bank verlangen, dass der Erbe sich entweder mit einem Erbschein (§§ 2253 ff. BGB) ***oder*** mit einer Ausfertigung bzw. beglaubigten Abschrift einer letztwilligen Verfügung nebst Eröffnungsniederschrift[95] legitimiert.

Dass die Bank gemäß Ziffer 5 AGB-Banken auf die Vorlage des Erbscheins verzichten ***kann***, wenn ihr eine letztwillige Verfügung und Eröffnungsniederschrift vorgelegt wird, dürfte im Hinblick auf die jüngste Rechtsprechung des BGH[96] zumindest für den Fall eines klaren notariellen Testaments so auszulegen sein, dass sie dies als ausreichenden Nachweis akzeptieren ***muss.***[97]

b) Umfang des Anspruches

Der Erbe kann insbesondere Auskunft zu den noch aktuellen Rechtsbeziehungen des Erblassers verlangen:[98]

- laufende Daueraufträge und Lastschriften
- sämtliche (Einzel- und Gemeinschafts-) Konten des Erblassers
- Wertpapierdepots
- bei der Bank unterhaltene Schließfächer
- Vollmachten zu Gunsten Dritter, damit der Erbe diese ggf. widerrufen kann
- Verpflichtungen des Erblassers bei der Bank, insbesondere Darlehen

Aus Anlass des Erbfalls kann der Erbe darüber hinaus auch Informationen zu vor dem Erbfall oder aus Anlass des Erbfalls abgeschlossenen Transaktionen verlangen, wenn sie für den Erbfall von Bedeutung sind oder sein könnten: Etwa, weil aus Vermögensverschiebungen des Erblassers Ausgleichungsansprüche oder Pflichtteilsergänzungsansprüche resultieren könnten.[99] Hier kommen beispielsweise in Betracht:

- Zuwendungen bzw. Schenkungen auf den Todesfall
- widerrufene Vollmachten

95 BGH, Urt. v. 7. 6. 2005 – XI ZR 311/04, ZFE 2006, 359 ff.; *Sarres*, Erbrechtliche Auskunftsansprüche, München 2004, Rn. 247.

96 BGH, Urt. v. 7. 6. 2005 – XI ZR 311/04, ZFE 2006, 359 ff.; Die Frage der Auswirkung der AGB wurde vom BGH offen gelassen.

97 *Werkmüller*, ZEV 2001, 340, 340 f.

98 *Werkmüller*, ZErb 2007, 142, 144.

99 Vgl. hierzu ausführlich unter IV.

- zu Lebzeiten des Erblassers aufgelöste Konten und Depots
- Kontobewegungen zu Lebzeiten des Erblassers

Formulierungsvorschlag Auskunftsbegehren:

An die ... Bank

Betreff: Nachlasssache des ....

bekannte Kontoverbindung: ......

Sehr geehrte Damen und Herren,

Unter Hinweis auf den beigefügten Erbschein / das eröffnete Testament nebst Eröffnungsniederschrift – in Anlage beigefügt – sowie der Sterbeurkunde – in Anlage beigefügt – teile ich mit, dass ich Alleinerbe des am ... in ... verstorbenen Herrn ... geworden bin.

Ich darf Sie zunächst bitten, mir folgende Auskünfte zu erteilen:

- *Kontostände aller bei ihnen geführten Giro-, Spar- und Depotkonten des Erblassers sowie von Gemeinschaftskonten, an denen der Erblasser beteiligt war, zum Todestag am ... sowie zum heutigen Datum.*
- *Vorhandensein von Schließfächern des Erblassers in Ihrem Hause*
- *Verpflichtungen, die der Erblasser bei der Bank hatte bzw. über diese bediente, insbesondere Daueraufträge, Lastschriften, Darlehensverträge und Bürgschaften*
- *Vollmachten und sonstige Verfügungsberechtigungen Dritter, einschließlich zu Lebzeiten des Erblassers widerrufender Vollmachten und sonstigen Verfügungsberechtigungen*

Da ich zu prüfen habe, ob ausgleichungspflichtige Vorempfänge bzw. Pflichtteilsergänzungsansprüche in Betracht kommen könnten, bitte ich Sie, mir zu diesem Zweck weiterhin folgende Unterlagen zukommen zu lassen:

- *Kontoverläufe bezüglich der bestehenden und vor dem Erbfall aufgelösten Konten für die Zeit von ... bis ...*
- *Schenkungen sowie sonstige Zuwendungen jeglicher Art auf den Todesfall*
- *Zu Lebzeiten des Erblassers widerrufene Verfügungsberechtigungen und Vollmachten*

Weiterhin bitte ich Sie, mir in Ablichtung eine Kopie der Anzeige gem. § 33 ErbStG zur Verfügung zu stellen.

Die anfallenden Kosten bitte ich, mir in Rechnung zu stellen.

Gleichzeitig widerrufe ich hiermit vorsorglich eventuell bestehende Vollmachten und Verfügungsberechtigungen Dritter gleich welcher Art.

Mit freundlichen Grüßen

Hinweis:

Sollten die angeforderten Unterlagen nicht die gewünschten Ergebnisse bringen oder Unklarheiten belassen, kann der Erbe auch die Eröffnungsunterlagen von Konten, Darlehensverträge oder die Kontoführungskarte anfordern. In der Regel wird er diese Dokumente jedoch zunächst nicht benötigen.

Die Auskunft der Bank sollte sich rein auf die Geschäftsvorgänge beschränken. Um eine Haftung zu vermeiden, sollte sie hinsichtlich des Erbfalls nicht initiativ tätig werden und etwa Erbquoten berechnen. Dies ist alleinige Aufgabe der Erben.[100]

Die Bank ist auch verpflichtet, auf Anforderung dem Erben Belege und genaue Buchungsverläufe herauszugeben. Allerdings muss er dafür dartun, dass hierfür ein Bedürfnis besteht. Die Rechtsprechung billigt sogar dem noch lebenden Kunden zu, dass er von der Bank Zweitschriften seiner Kontounterlagen begehren kann, wenn er diese verloren hat. Bereits 1985 hat der BGH[101] hierzu festgestellt:

„Wenn der Kunde mit der Begründung, ihm lägen einzelne Tagesauszüge oder Saldenmitteilungen nicht vor, die Hilfe des Kreditinstituts bei der Ergänzung seiner Kontounterlagen erstrebt, kann sich das Kreditinstitut nach Treu und Glauben diesem Vorgang grundsätzlich selbst dann nicht widersetzen, wenn die betreffenden Schriftstücke nach Nr. 6 der AGBG [nach der damaligen Fassung] als zugegangen gelten und der Kunde glaubhaft macht, er habe sie tatsächlich nicht erhalten, oder sogar nur, sie seien ihm später verloren gegangen. Jedenfalls soweit dem Kreditinstitut die Übermittlung eines weiteren Exemplars solcher Schriftstücke noch möglich ist, ist es hierzu nach § 242 BGB verpflichtet, es sei denn, es lägen

---

100 *Werkmüller*, ZEV 2001, 340 (342).
101 BGH, Urt. v. 4. 7. 1985 – III ZR 144/84, BB 1985, 1874, 1875 f.

im Einzelfall besondere Umstände vor, die das Verlangen des Kunden missbräuchlich erscheinen ließen, oder die Erfüllung erfordere von dem Kreditinstitut einen besonderen Kostenaufwand und der Kunde lehne angemessenen Ersatz dafür ab. [...]

Soweit sich die Bedeutung und Berechnung einzelner Buchungen aus den Kontoauszügen und eventuell mitübersandten Belegen nicht eindeutig ergibt, ist das Kreditinstitut zu weiteren Erläuterungen verpflichtet, soweit es selbst dazu noch in der Lage ist.“

Wenn also selbst zu Lebzeiten des Erblassers dieser die Übersendung von Zweitschriften der Kontobelege anfordern kann, gilt dies umso mehr für seinen Erben, der möglicherweise bei den Unterlagen des Erblassers die Belege nicht auffindet.

Daneben ist zu beachten, dass der Erbe auch einen eigenen Auskunftsanspruch gegenüber der Bank hat, wenn er das Konto des Erblassers als eigene Geschäftsverbindung fortführt.[102]

c) Geheimhaltungsanspruch des Erblassers/Dritter

Fraglich ist, ob und inwieweit der verstorbene Kunde seine Bank verpflichten kann, Stillschweigen über gewisse Umstände zu bewahren. Eine solche Geheimhaltung kollidiert zunächst mit dem Grundsatz der Universalrechtsnachfolge des Erben. Dennoch wird eine solche Möglichkeit in der Literatur befürwortet. Der Erblasser könne durch entsprechende Weisung an die Bank in gewissem Umfang den Übergang des Rechts auf Geheimhaltung und auch auf Auskunftserteilung an die Erben nach Eintritt des Erbfalls beschränken.[103]

Angeführt wird hier meist das außerhalb der Ehe geborene Kind, das der Erblasser heimlich über seine Bankkonten alimentiert hat. Hierbei ist allerdings zu berücksichtigen, dass dieser Vorgang im Hinblick auf die Gleichstellung der nicht ehelichen Kinder sich heute kaum mit der gleichen Brisanz darstellt wie vor Jahrzehnten. Zu beachten ist insbesondere, dass das außerhalb der Ehe geborene Kind entweder auf Grund gesetzlicher Erbfolge Miterbe wird oder aber anderenfalls Pflichtteilsberechtigter. In beiden Fällen ist es rechtlich nicht zulässig, dass den übrigen Miterben wirtschaftliche Zuwendungen, die ausgleichungspflichtig

---

102 BGH, Urt. v. 18. 1. 2000 – XI ZR 160/99, ZEV 2000, 157.

103 *Bonefeld*, Zerb 2007, 142, 144; *Sichtermann/Feuerborn/Kirchherr/Terdenge*, Bankgeheimnis und Bankauskunft, 3. Aufl., Frankfurt/M. 1984, S. 174; *Canaris*, Bankvertragsrecht, 3. Aufl., Rn. 55.

sein könnten oder einen Pflichtteilsergänzungsanspruch auslösen können, verborgen bleiben sollen.

Die Rechtsprechung steht solcher Geheimniskrämerei dementsprechend skeptisch gegenüber. Der BGH[104] sieht bei einer Interessenabwägung das Interesse des Erben im Vordergrund:

„b) Das Bankgeheimnis zu Gunsten der Erblasserin steht der Erteilung dieser Auskünfte an die Erbin nicht entgegen (vgl. hierzu Canaris, Rdnr. 51; Liesecke, S. 248). Anhaltspunkte für einen entgegenstehenden ausdrücklichen oder mutmaßlichen Willen der Erblasserin, der etwa bei persönlichkeitsbezogenen Vorgängen von Bedeutung sein könnte (vgl. Bruchner-Stützle, Leitfaden zu Bankgeheimnis und Bankauskunft, 1986, S. 38; Canaris, Rdnr. 5, Liesecke, S. 248; Sichtermann, Bankgeheimnis und Bankauskunft, 3. Aufl., S. 174), hat das BerGer. nicht festgestellt und liegen auch nicht vor. Allein der Umstand, dass die Erblasserin über die Sparkassenbriefe verfügt und die Erbin davon nicht unterrichtet hat, reicht dafür nicht aus.
c) Auf die Wahrung des Bankgeheimnisses des Zuwendungsempfängers kann die Bekl. die Auskunftsverweigerung ebenfalls nicht stützen. Die Kollision zwischen Auskunftsanspruch und Bankgeheimnis ist durch Interessenabwägung hier zu Gunsten der Erbin zu lösen (vgl. Canaris, Rdnrn. 61, 217; Sichtermann, S. 176). Ohne die Auskunft könnte die Erbin ihre entsprechende Verpflichtung gegenüber dem Pflichtteilsberechtigten nicht erfüllen und dieser seinen Pflichtteilsergänzungsanspruch gem. § 2325 BGB nicht durchsetzen. Andererseits ist der Empfänger vermögenswerter Zuwendungen des Erblassers selbst nach § 2314 BGB zur Auskunft verpflichtet (BGHZ 89, 24 (27) m. w. Nachw.) und muss von vornherein damit rechnen, dass er gem. § 2329 BGB auf Rückzahlung in Anspruch genommen wird."

Anweisungen des Kunden, seinem Erben keine Auskünfte über bestimmte Vorgänge zu erteilen, können also allenfalls auf rein persönliche Angelegenheiten des Erblassers beschränkt sein,[105] die außerhalb des wirtschaftlichen Geschäftsverlaufes liegen. Es ist nicht Aufgabe der Bank, eine Interessenabwägung vorzunehmen mit dem Ergebnis, dem Erben trotz Rechtsnachfolge Informationen über den Geschäftsverlauf vorzuenthalten. Wenn der Erbe dartut, dass er zur Prüfung eventueller Vorschen-

---

104 BGH, Urt. v. 28. 2. 1989 – XI ZR 91/88, NJW 1989, 1601, 1602.
105 *Sichtermann/Feuerborn/Kirchherr/Terdenge*, Bankgeheimnis und Bankauskunft, 3. Aufl., Frankfurt/M. 1984, S. 174; *Schebesta*, Bankprobleme beim Tod eines Kunden, 11. Aufl., Wiesbaden 1998, Rn. 118c.

kungen umfängliche Auskunft über die Bewegungen auf den Konten des Erblassers benötigt, darf die Bank nicht aus eigenem Ermessen „kompromittierende" Buchungen schwärzen.

Fazit:

Der Erblasser kann nicht bestimmen, dass dem Erben Informationen über den Geschäftsverlauf vorenthalten werden. Eine Geheimniswahrung ist nur denkbar im Hinblick auf Umstände in der Person des Erblassers, die der Bank aus Anlass der Bankverbindung bekannt geworden sind (z. B. Vorstrafen, „Geliebte" usw.).

d) Vor- und Nacherbe

Bei der Anordnung von Vor- und Nacherbschaft durch den Erblasser ist dem Nacherben gemäß § 2100 BGB die Verwaltung des Nachlasses entzogen, solange die Vorerbschaft andauert.[106] Daher hat er zunächst keinen unmittelbaren Auskunftsanspruch gegenüber der Bank, bis der Nacherbfall eingetreten ist.

Hinsichtlich der Legitimation ist es meist ausreichend, wenn der Nacherbe sich durch Vorlage einer Sterbeurkunde des Vorerben und mit dem eröffneten Testament des Erblassers ausweist.[107] Dies gilt allerdings nur, wenn wie meist in der Praxis der Eintritt der Nacherbschaft vom Versterben des Vorerben abhängig gemacht wird. Es kann der Eintritt der Nacherbschaft mit anderen Urkunden nachgewiesen werden. Dies gilt insbesondere für öffentliche Urkunden, wie beispielsweise Heiratsurkunde bei Wiederverheiratung der Witwe, Geburtsurkunde als Nachweis des Erreichens eines bestimmten Alters.[108]

Schwieriger wird es, wenn der Erblasser bestimmt hat, dass die Nacherbschaft von Voraussetzungen abhängt, die sich nicht durch öffentliche Urkunden nachweisen lassen. Ist beispielsweise bestimmt, dass Nacherbschaft eintritt, wenn der Vorerbe einen Universitätsabschluss nicht vor dem Erreichen eines bestimmten Alters schafft, ist die Bank gut beraten, einen Erbschein zu verlangen, sodass der Eintritt der Voraussetzungen für die Nacherbschaft zweifelsfrei geklärt ist.

---

106 AnwK-BGB/*Gierl*, § 2100 Rn. 59.
107 *Ott-Eulberg* in Ott-Eulberg/Schebesta/Bartsch, Erbrecht und Banken, Angelbachtal 2000, S. 217 f.
108 *Ott-Eulber* in Ott-Eulberg/Schebesta/Bartsch, Erbrecht und Banken, Angelbachtal 2000, S. 218.

Beim Umfang des Anspruches ist zu beachten, dass der Nacherbe nicht notwendigerweise auch Erbe des Vorerben ist.

Hinweis:

Der Nacherbe hat beim Eintritt der Nacherbschaft nur einen Auskunftsanspruch gegenüber der Bank in Bezug auf die Geschäftsbeziehung des ursprünglichen Erblassers zur Bank und nicht etwa wegen Rechtsverhältnissen, die der Vorerbe aus eigenem Recht zur Bank unterhalten hat.

Zwar hat der Nacherbe keinen unmittelbaren Anspruch gegenüber der Bank; aber ihm steht gemäß § 2127 BGB ein Auskunftsanspruch gegen den Vorerben zu. Wenn der Vorerbe objektiv gegen seine Verwaltungspflichten verstößt, kann der Nacherbe den Auskunftsanspruch geltend machen. Hiermit soll dem Nacherben eine Möglichkeit gegeben werden, einen Schadensersatzanspruch bei Eintritt des Nacherbfalls oder davor seine Sicherungsrechte (§§ 2128, 2129 BGB) vorzubereiten.[109] Zur Befriedigung des Auskunftsbegehrens gemäß § 2127 BGB kann der Vorerbe dem Nacherben seinen ihm gegenüber der Bank zustehenden Auskunftsanspruch daher abtreten, allerdings nicht aufzwingen. Denn die gesetzlich begründete Auskunftspflicht kann nicht durch die Abtretung erfüllt werden.

e) Ersatzerbe

§ 2096 BGB definiert, dass Ersatzerbe derjenige ist, der für den Fall als Erbe bestimmt ist, dass ein anderer vom Erblasser vorrangig benannter Erbe vor dem Eintritt des Erbfalls wegfällt. Ein Auskunftsanspruch des Ersatzerben gegenüber der Bank des Erblassers scheidet also aus. Ein solcher entsteht nur dann, wenn der Ersatzerbfall eintritt – also der zunächst bestimmte Erbe vor Eintritt des Erbfalls wegfällt – und der Ersatzerbe dann in die Stellung des Vollerben aufrückt.

f) Schlusserbe

Schlusserbe ist, wer auf Grund eines gemeinschaftlichen Testaments (§ 2269 BGB) oder Erbvertrages (§ 2280 BGB) zum Erben nach dem Tode des Längstlebenden bestimmt ist. Daraus ergibt sich, dass der Schlusserbe

109 AnwK-BGB/*Gierl*, § 2127 Rn. 2.

bis zum Ableben des Längstlebenden keinerlei Auskunftsanspruch hat. Denn der länger lebende Erblasser wird zunächst Vollerbe. Ihm stehen daher allein die Ansprüche auf Auskunft gegenüber der Bank zu. Erst nach dem Eintritt des Schlusserbfalls kommt der Schlusserbe zum Zuge.

Nach dem Ableben des zweiten Erblassers muss er sich mit Erbschein oder eröffnetem Testament legitimieren wie der Vollerbe. In zweiten Fall muss er allerdings zusätzlich nachweisen, dass beide Erblasser verstorben sind.

Eine Besonderheit ergibt sich in Bezug auf den Umfang des Auskunftsanspruches gegenüber der Bank: Der Schlusserbe hat einen Anspruch nicht nur hinsichtlich der Bankverträge des Zweitversterbenden, sondern auch im Hinblick auf die Geschäftsbeziehung des Erstversterbenden zur Bank. Denn der Zweitversterbende ist Rechtsnachfolger des Erstversterbenden und abgeleitet von diesem wird der Schlusserbe als Rechtsnachfolger des Zweitversterbenden auskunftsberechtigt.[110]

2. Erbengemeinschaft

RA/FafErbR Markus Maibach

a) Beschreibung

aa) Grundsätzliches

Mit dem Tode einer Person geht deren Vermögen (Erbschaft) als Ganzes auf eine oder mehrere Personen (Erben) über. Dieser Tatbestand des § 1922 BGB ordnet die sog. Gesamtrechtsnachfolge an. Hinterlässt der Erblasser also mehrere Erben, entsteht eine Erbengemeinschaft. Diese Rechtsfolge ist unabhängig vom Willen der einzelnen Person. Es handelt sich um einen sog. „Vonselbsterwerb".[111] Einer rechtsgeschäftlichen Übertragung der Rechte und Pflichten bedarf es nicht. Die Erbengemeinschaft entsteht kraft Gesetzes mit dem Tode des Erblassers. Die Regelungen zu dieser „Mehrheit von Erben" finden sich in den §§ 2032 ff. BGB. Fundamental ist dabei die Regelung des § 2032 Abs. 1 BGB. Hier-

---

110 So auch *Ott-Eulberg* in Ott-Eulberg/Schebesta/Bartsch, Erbrecht und Banken, Angelbachtal 2000, S. 338.

111 *Weirich*, Erben und Vererben, S. 36.

nach wird der Nachlass gemeinschaftliches Vermögen der Erben. Eine Mehrheit von Erben ist daher eine Gesamthandsgemeinschaft. Diese Rechtsfigur gestaltet außerdem noch die BGB-Gesellschaft, die eheliche Gütergemeinschaft und über die Verweisungen der §§ 105, 161 HGB auch die OHG und KG. Charakteristisch für die gesamthänderische Bindung ist, dass jedem Mitglied der Gesamthandsgemeinschaft alles gehört. Es gilt „gleiches Recht für alle". Kein Miterbe kann über seinen Anteil über einzelne Nachlassgegenstände allein verfügen, § 2033 Abs. 2 BGB. Dieses Recht steht den Miterben nur gemeinschaftlich zu, § 2040 Abs. 1 BGB. Hingegen kann jeder Miterbe über seinen Erbanteil als Ganzes oder über einen Bruchteil desselben verfügen, § 2033 Abs. 1 S. 1 BGB.

Vom Grundsatz der Gesamtrechtsnachfolge, also dem Übergang des Nachlasses als Ganzes auf die Erbengemeinschaft zur gesamten Hand, gibt es jedoch Ausnahmen, wie etwa die Hoferbfolge nach der Höfeordnung oder die Sondererbfolge in die Beteiligung an einer Personengesellschaft.[112]

Nicht zum Vermögen des Erblassers gehören höchstpersönliche Rechte, wie beispielsweise ein persönliches Wohnrecht, ein Nießbrauchrecht oder auch die Mitgliedschaft in einem Verein. Diese Rechte erlöschen daher mit dem Tode des Erblassers, und gehen somit nicht auf die Erben über.

Die Erbengemeinschaft ist weder rechtsfähig noch parteifähig. Das bedeutet, die Erbengemeinschaft selbst kann nicht Träger von Rechten und Pflichten sein, sondern nur jeder einzelne Miterbe in der gesamthänderischen Verbundenheit. Eine Erbengemeinschaft als solche kann daher auch nicht verklagt werden. Vielmehr muss die Klage gegen jeden einzelnen Miterben erhoben werden.

bb) Verwaltung des Nachlasses

Die Verwaltung der Erbengemeinschaft bietet in der Praxis eine Vielzahl von Problemen und ist deshalb häufiger Grund für streitige Auseinandersetzungen. Im Gesetz finden sich hierzu nur wenige Vorschriften. Da die Fragen zur Nachlassverwaltung im engen Zusammenhang mit den Fragen zur rechtlichen Verbindung zwischen Bank und Miterben, insbesondere im Hinblick zur Auskunftsproblematik stehen, sollen nachstehend die Grundzüge der Verwaltung des Nachlasses dargestellt werden:

aaa) Grundsatz

Unter dem Begriff der Verwaltung versteht man alle tatsächlichen und rechtlichen Maßnahmen, die zur Verwahrung, Sicherung, Erhaltung und

---

112 *Weirich*, a. a. O., S. 38 ff.

Vermehrung sowie zur Gewinnung der Nutzungen und Bestreitung laufender Verbindlichkeiten des Nachlasses erforderlich oder geeignet sind.[113] Die zentrale Vorschrift für die Verwaltung bildet § 2038 BGB. Aus dieser Norm ergeben sich die Arten der Verwaltung. Hinsichtlich desjenigen Vermögens, welches auf die Erben übergeht, hat eine gemeinschaftliche Verwaltung durch alle Erben zu erfolgen (§ 2038 Abs. 1 Satz 1 BGB). Dabei ist jeder Miterbe den anderen gegenüber verpflichtet, an Maßregeln mitzuwirken, die zur ordnungsgemäßen Verwaltung erforderlich sind (§ 2038 Abs. 1 Satz 2 1. HS BGB). Die zur Erhaltung notwendigen Maßregeln kann jeder Miterbe ohne Mitwirkung der anderen treffen (§ 2038 Abs. 1 Satz 2 2. HS BGB). Auf Grund dieser gesetzlichen Regelung bezeichnet man die verschiedenen Verwaltungsarten allgemein mit folgender „griffigen" Terminologie:

- Außerordentliche Verwaltungsmaßnahmen gemäß § 2038 Abs. 1 Satz 1 BGB.
- Ordentliche Verwaltungsmaßnahmen gemäß § 2038 Abs. 1 Satz 2 1. HS BGB.
- Notverwaltungsmaßnahmen gemäß § 2038 Abs. 1 Satz 2 2. HS BGB.[114]

Je nachdem, welche Art der Verwaltungsmaßnahme in Rede steht, sind die sich hieraus ergebenden rechtlichen Konsequenzen unterschiedlich.

bbb) Maßnahmen der außerordentlichen Verwaltung

Die außerordentliche Verwaltung umfasst alle Maßnahmen, die außerhalb des Gewöhnlichen liegen. Hiervon wird dann ausgegangen, wenn die Maßnahme für den Nachlass eine erhebliche wirtschaftliche Bedeutung hat.[115] Auch fällt die wesentliche Veränderung des Nachlasses in den Bereich der außergewöhnlichen Verwaltung.[116] Außerordentliche Verwaltungsmaßnahmen sind beispielsweise

- die Umänderung einer Erbengemeinschaft in eine werbende Gesellschaft,
- die Umwandlung eines Gewerbes in ein Unternehmen einer anderen Branche,
- die Veräußerung eines Nachlassgrundstücks (zumindest im Regelfall).[117]

---

113 BGH NJW 1965, 862.
114 Vgl. *Damrau/Rißmann*, § 2038 Rn. 2.
115 Vgl. *Krug/Rudolf/Kroiß*, § 12 Rn. 24.
116 *Damrau/Rißmann*, § 2038 Rn. 14.
117 *Damrau/Rissmann*, § 2038 Rn. 18.

Bei der in der Praxis häufigen Maßnahme der Veräußerung eines Nachlassgrundstücks ist allerdings unter Beachtung der vorstehenden Grundsätze zu differenzieren. Nach einer aktuellen Entscheidung des BGH[118] richtet sich die Beantwortung der Frage, ob eine Veränderung wesentlich ist, nach dem gesamten Nachlass und nicht nach dem einzelnen davon betroffenen Nachlassgegenstand.

Maßnahmen der außerordentlichen Verwaltung bedürfen eines Beschlusses, den die Miterben einstimmig treffen müssen. Um den Nachlass im Außenverhältnis wirksam zu berechtigen und zu verpflichten, müssen alle Miterben gemeinsam handelnd nach außen hin auftreten. Sie können auch einstimmig einen Miterben hierzu bevollmächtigen.

ccc) Maßnahmen der ordentlichen Verwaltung

Die ordnungsgemäße Verwaltung umfasst alle Maßnahmen, die der Beschaffenheit des betreffenden Nachlassgegenstandes im konkreten Fall und dem objektiven Interesse aller Miterben nach billigem Ermessen entsprechen.[119] Ordnungsgemäße Verwaltungsmaßnahmen sind beispielsweise

- Begleichung laufender Verbindlichkeiten,
- Abschluss von Werkverträgen für erforderliche Reparaturen an Nachlassgegenständen,
- Wahrnehmung der Verkehrssicherungspflicht.[120]

Im Gegensatz zu den Maßnahmen der außerordentlichen Verwaltung genügt bei Maßnahmen der ordnungsgemäßen Verwaltung ein Beschluss, der von den Miterben mit einfacher Stimmenmehrheit getroffen wird (Mehrheitsbeschluss). Die Gewichtung der Stimme des jeweiligen Miterben richtet sich nach der Größe seines Erbteils. Die im Gesetz vorgesehene Pflicht eines jeden Miterben, bei Maßnahmen mitzuwirken, die zur ordnungsgemäßen Verwaltung erforderlich sind, wird dann relevant, wenn die erforderliche Stimmenmehrheit für eine ordentliche Verwaltungsmaßnahme nicht besteht. Der Mitwirkungsanspruch kann dann notfalls im Klagewege durchgesetzt werden, wobei der Klageantrag auf Zustimmung zu einer bestimmten Maßnahme zu richten ist, die dem Interesse aller Miterben nach billigem Ermessen entsprechen muss.[121]

---

118 BGH, Urt. v. 28. 9. 2005 – IV ZR 82/04, NJW 2006, 439.

119 Vgl. *Damrau/Rißmann*, 2038 Rn. 14.

120 Vgl. *Damrau/Rißmann*, § 2038 Rn. 15.

121 *MüKo/Heldrich*, § 2038 Rn. 35.

Der von den Erben gefasste Mehrheitsbeschluss hat insofern Außenwirkung, als die Erbenmehrheit oder ein einzelner beauftragter Miterbe die Erbengemeinschaft nach außen wirksam vertreten kann.[122] Durch das Rechtsgeschäft, welches in Ausführung des Mehrheitsbeschlusses geschlossen wird (z. B. Werkvertrag mit einem Handwerker hinsichtlich der Reparatur eines Nachlassgegenstands), wird der Nachlass unmittelbar verpflichtet. Es entsteht eine Nachlassverbindlichkeit.

ddd) Maßnahmen der Notverwaltung

Die Notverwaltung umfasst alle Maßnahmen, wenn derartige Dringlichkeit besteht, dass eine Zustimmung der anderen Miterben nicht mehr rechtzeitig eingeholt werden kann. Zur Erhaltung notwendig ist eine Maßnahme dann, wenn der Nachlass insgesamt oder Teile hiervon Schaden nehmen würden.[123] Die Maßnahme muss zur Erhaltung des Nachlasses erforderlich sein.[124] Bereits aus der aufgezeigten Struktur der Nachlassverwaltung ergibt sich, dass für die Notverwaltung nur ein eng einzugrenzender Bereich zur Verfügung steht, um das ansonsten herrschende Grundprinzip der gesamthändersichen Verwaltung nicht zu unterlaufen.[125] Gängige Beispiele für Notverwaltung dürften ein durch Sturm abgedecktes Hausdach oder ein verstopftes Abflussrohr bei einem zum Nachlass gehörenden Hausanwesen sein.

Um bei einer Notverwaltungsmaßnahme schnell und effektiv handeln zu können, sieht das Gesetz in § 2038 Abs. 1 Satz 2 2. HS BGB eine gesetzliche Vertretungsmacht für den handelnden Miterben vor. Aus seiner Handlung wird der Nachlass daher unmittelbar berechtigt und verpflichtet. Der Miterbe, der „das Heft in die Hand nimmt“, trägt aber ein nicht unerhebliches Risiko. Kommt er bei seiner Beurteilung, ob eine Notverwaltung vorliegt, zu einem unzutreffenden Ergebnis dahin gehend, dass aus nachträglicher Sicht die tatbestandlichen Voraussetzungen für eine Notverwaltung nicht vorlagen, haftet der handelnde Miterbe allein. Eine Nachlassverbindlichkeit entsteht nicht.

b) Anspruchsgrundlage

aa) Miterben untereinander

Es ist allgemein anerkannt, dass die Miterben untereinander keinen generellen Anspruch haben, dass der wechselseitige „Informationshunger“,

122 *Soergel/Wolf*, § 2038 Rn. 9.
123 *Staudinger/Werner*, § 2038 Rn. 27.
124 *Damrau/Rißmann*, § 2038 Rn. 25.
125 Vgl. *Damrau/Rißmann*, a. a. O.

insbesondere hinsichtlich Art und Umfang des Nachlasses, mit entsprechenden Auskünften „gestillt" wird. Zur Begründung werden im Wesentlichen zwei Gründe angeführt: Zum einen haben die Erben hinreichende Möglichkeit, sich auf Grund spezieller, gesetzlich geregelter Auskunftsansprüche (z. B. §§ 2027, 2028, 2057 BGB) mit Informationen zu versorgen, zum anderen gibt es eben keine gesonderte Bestimmung, die einen allgemeinen Auskunftsanspruch unter Miterben regelt.[126] Weil sich in der Praxis zeigt, dass dieser Grundsatz nicht immer zu „gerechten" Ergebnissen führt, wird immer wieder im Einzelfall versucht, diese „Lücken" unter Verwendung der Generalklausel von Treu und Glauben gemäß § 242 BGB zu schließen.[127]

Ein wichtiges Instrumentarium, um Auskünfte zu erlangen, stellt die Norm des § 666 BGB dar. Hiernach ist der Beauftragte verpflichtet, dem Auftraggeber die erforderlichen Nachrichten zu geben, auf Verlangen über den Stand der Geschäfte Auskunft zu erteilen und nach der Ausführung des Auftrags Rechenschaft abzulegen. Diese Norm greift z. B. dann, wenn der Erblasser Vollmacht zu Gunsten eines Dritten (oftmals dem überlebenden Ehegatten) erteilt und der Bevollmächtigte unter Verwendung dieser Vollmacht geschäftliche Handlungen vorgenommen hat. Dieser Auskunfts- und Rechenschaftsanspruch unterliegt keiner Einschränkung nur deshalb, weil der Bevollmächtigte auch gleichzeitig Miterbe ist, kann somit also auch unter den Miterben zur Anwendung gelangen.

bb) Miterben gegenüber der Bank

Im Wege der Universalsukzession nach § 1922 BGB treten die Erben die vermögensrechtliche Nachfolge des Erblassers an. Vermögen ist die Summe der einer Person zustehenden geldwerten Güter, Rechte und Forderungen. Die Miterben treten daher in die vertragliche Position ein, die der Erblasser im Rahmen des Geschäftsbesorgungsvertrages (§§ 675 ff. BGB) mit der Bank inne hatte. Teil dieser vertraglichen Rechtsposition ist die Auskunfts- und Rechenschaftspflicht gem. §§ 675, 666 BGB. Dahinstehen kann, zumindest an dieser Stelle, ob dieser Anspruch nach § 666 BGB selbst eine vermögensrechtliche Forderung darstellt oder es sich lediglich um ein Neben- oder Hilfsrecht zur Durchsetzung derselben handelt.

Steht somit der Auskunftsanspruch der Miterben gegenüber der Bank grundsätzlich auf „sicheren Füßen", ist doch auch in diesem Zusammenhang nicht zu verkennen, dass dieser Auskunftsanspruch der Erben in

126 Hierzu *Sarres*, S. 48 ff.
127 Vgl. auch insoweit *Sarres*, S. 56 ff.

einem Spannungsverhältnis zum Bankgeheimnis steht. Einschränkungen des Auskunftsanspruchs können sich daher aus dem Willen des Erblassers ergeben. Trifft der Erblasser in dieser Hinsicht eine ausdrückliche Anordnung, dass seine Erben beispielsweise über einen bestimmten Zeitraum vor seinem Tode hinsichtlich eines bestimmten Kontos keine Auskünfte erhalten sollen, so hat das Bankgeheimnis Vorrang vor dem Auskunftsinteresse der Erben. Das ergibt sich bereits daraus, dass grundsätzlich niemand Anspruch darauf hat, als Erbe eingesetzt zu werden. Selbst der Pflichtteilsberechtigte, der mit seinem Pflichtteilsanspruch eine gesetzliche Mindestbeteiligung am Nachlass erhält, hat keinen Anspruch auf Auskunft hinsichtlich bestimmter Geschäftsvorgänge bei einer Bank. Folglich bestehen keine Bedenken, dass der Erblasser seine Erben mit einer solchen Anordnung einschränken und dem Bankgeheimnis Vorrang einräumen kann.

Derart eindeutig dürfte die Sachlage in der Praxis aber selten sein. Regelmäßig wird es an einer unmissverständlichen Bekundung des Erblassers fehlen. Hier muss dann der mutmaßliche Wille des Erblassers ermittelt werden. Klare Regelungen zur Lösung dieses Problemkreises dürften kaum aufzustellen sein. Es wird in jedem Einzelfall die schwierige Abwägung zwischen Bankgeheimnis und Auskunftsrecht der Erben zu treffen sein. Das setzt allerdings irgendwelche konkreten Anknüpfungspunkte (z. B. Unterhaltszahlungen an ein nichteheliches Kind, welches der Erblasser bislang verschwiegen hatte) voraus. Grundsätzlich greift die vorstehend benannte Anspruchsgrundlage zu Gunsten der Erben. Wer diesen Auskunftsanspruch der Erben unter Berufung auf das Bankgeheimnis abwehren will, sei es die Bank, gegen die der Anspruch geltend gemacht wird, sei es einer der Miterben, wird daher nicht nur die entsprechenden Anknüpfungspunkte, sondern insbesondere den sich hieraus ergebenden (mutmaßlichen) Willen des Erblassers substantiiert darlegen und gegebenenfalls auch beweisen müssen.

c) Anspruchsinhaber

Als Inhaber des Auskunftsanspruchs gegenüber der Bank kommen die einzelnen Miterben oder die Erbengemeinschaft insgesamt in Betracht. Da die Erbengemeinschaft nach einhelliger Auffassung die Anspruchsgrundlage vom Erblasser im Wege der Gesamtrechtsnachfolge ableitet (siehe vorstehend unter b), steht in Konsequenz hieraus der Erbengemeinschaft das Auskunftsrecht gemeinschaftlich zu (§ 432 BGB). Fraglich ist jedoch, ob der einzelne Miterbe das Recht alleine geltend machen kann. Das wird nach überwiegender Auffassung bejaht, allerdings mit der Maßgabe, die

Leistung der Auskunftserteilung nur an alle Erben gemeinschaftlich verlangen zu können.[128]

Damit die Bank in die Lage versetzt wird, die Auskunft an alle Miterben erteilen zu können, wird die Auffassung vertreten, der die Auskunft begehrende Miterbe sei verpflichtet, zu diesem Zweck der Bank die Anschriften der übrigen Erben mitzuteilen.[129] Eine Anspruchsgrundlage für diese Pflicht besteht jedoch nicht.

Insbesondere sind die in Ziffer 11 AGB-Banken geregelten „Mitwirkungspflichten des Kunden“ nicht geeignet, hierfür eine Rechtsgrundlage zu bilden, vorausgesetzt, sie sind im Rahmen des Geschäftsbesorgungsvertrags mit dem Erblasser, in den die Miterben eingetreten sind, wirksam einbezogen. Zwar ist dort geregelt, dass der Kunde der Bank Änderungen seines Namens und seiner Anschrift unverzüglich mitteilen muss, diese Pflicht ist aber individuell auf den einzelnen Kunden bezogen.

Auch wenn man berücksichtigt, dass die Miterben gemeinschaftlich die Rechtsnachfolge des Erblassers angetreten haben, führt diese gesamthänderische Verbundenheit nicht dazu, dass jetzt jeder Miterbe die persönlichen Pflichten der anderen tragen müsste. Zudem besteht auch kein praktisches Bedürfnis für die Bank, die Auskunftserteilung an einen Miterben von der Bekanntgabe der aktuellen Anschriften der anderen Miterben abhängig zu machen. Vielmehr ist es der Bank ohne weiteres möglich, die Auskunft den anderen Miterben dann zu erteilen, wenn das entsprechende Begehren von diesen jeweils geltend gemacht wird.

Nachteile für die Bank, insbesondere haftungsrechtlicher Natur, die hieraus entstehen könnten, sind nicht ersichtlich, solange die Bank willens ist, alle Miterben mit gleichen Informationen zu versehen.

d) Umfang

aa) Grundsätzliches

Da die Miterben die Rechtsnachfolge des Erblassers antreten, hat ihr Auskunftsanspruch denselben Umfang, wie er dem Erblasser gegenüber der Bank zu Lebzeiten zustand. Er umfasst also insbesondere

- sämtliche Konten des Erblassers,

---

128 *Lange/Werkmüller*, S. 207.
129 *Ott-Eulberg*, S. 334.

- Wertpapierdepots,
- die Existenz eines Schließfachs,
- bestehende Lastschriften und Daueraufträge,
- bestehende Vollmachten zu Gunsten Dritter.

Dabei umfasst das Auskunftsrecht auch die Zeit vor dem Tod des Erblassers.[130] Selbst dann, wenn die Informationen ursprünglich schon einmal erteilt wurden, besteht ein neuerlicher Auskunftsanspruch, sofern der Begehrende glaubhaft macht, dass die bereits erteilten Informationen verloren gegangen sind und der Bank eine erneute Auskunftserteilung noch möglich und zumutbar ist.[131]

In der Praxis wird dieses Thema von den Banken selten problematisiert. Legitimiert sich ein Miterbe ordnungsgemäß und verlangt er Auskunft über Informationen, welche den Zeitraum vor dem Tode des Erblassers betreffen (z. B. Jahresaufstellungen für ein Girokonto), wird die Auskunft gegen Entrichtung entsprechender Gebühren für die Bearbeitung meistens unkonventionell erteilt.

Selten wird der Einwand erhoben, dass diese Informationen im Regelfall ja schon zu Lebzeiten dem Erblasser in Form von Kontoauszügen erteilt wurden und aus diesem Grund vom Miterben seitens der Bank eine Glaubhaftmachung gefordert wird, dass die Auszüge respektive die entsprechenden Informationen nicht mehr vorhanden sind.

bb) Problem der Auskunft bezüglich des Zeitraums vor dem Tode des Erblassers

Interessanter Anknüpfungspunkt ist in diesem Zusammenhang eine Entscheidung des Amtsgerichts Rheinberg.[132] Hier lag im Wesentlichen folgender Sachverhalt zu Grunde:

Die Parteien des Rechtsstreits sind Miterben in ungeteilter Erbengemeinschaft. Kläger ist der Sohn des am 8. 7. 1985 verstorbenen EM aus erster Ehe, Beklagte die Tochter der am 2. 9. 1994 verstorbenen EF aus erster Ehe. Die Erbenstellung der Parteien resultiert aus Erbverträgen der Eheleute EM und EF. Nach dem Tode der EF fordert der Kläger u. a. bei der Stadtsparkasse K eine umfassende Auskunft über die Geschäftsvorfälle auf Konten der EF für den Zeitraum vom 8. 7. 1985 bis zum 2. 9. 1994. Da die Beklagte diesem Auskunftsverlangen widerspricht, hinterlegt die K die Auskunft in einem versiegelten Umschlag bei der Hinterlegungsstelle des

130 *Lange/Werkmüller*, S. 207.
131 Vgl. BGH NJW 1985, 2699 u. 1989, 1602.
132 AG Rheinberg ZEV 1996, 315.

AG Rheinberg. Die daraufhin im Ergebnis vom Kläger erhobene Klage verfolgt die Anträge, die Beklagte zu verurteilen, die Herausgabe des hinterlegten Umschlags gegenüber der Hinterlegungsstelle an ihn zu bewilligen, hilfsweise, die Herausgabe an ihn zur alleinigen Einsicht zu bewilligen, ferner hilfsweise die Herausgabe an beide Parteien zur gemeinsamen Einsicht zu bewilligen. Das Amtsgericht Rheinberg hat alle Anträge des Klägers abgewiesen.

Das Gericht befasst sich zuerst mit der Frage, ob der Kläger die von der Beklagten geforderte Mitwirkung gegenüber der Hinterlegungsstelle aus § 2038 Abs. 1 Satz 2 BGB herleiten kann.

Danach ist jeder Miterbe dem anderen gegenüber verpflichtet, an Maßregeln mitzuwirken, die zu einer ordnungsgemäßen Verwaltung des Nachlasses erforderlich sind. Das Gericht kommt zu dem Ergebnis, dass die Herausgabe der hinterlegten Auskunft über Kontovorgänge zu Lebzeiten eines Erblassers keine Maßnahme der Nachlassverwaltung darstellt. Die Verwaltung umfasst lediglich die Erhaltung oder Vermehrung des Nachlasses. Das private Interesse eines Miterben, Kenntnis über die Vorgänge auf den Konten des Erblassers vor dessen Tode zu erlangen, hat daher nichts mit der ordnungsgemäßen Verwaltung des Nachlasses zu tun.

Folglich kann auch kein Miterbe gegen seinen Willen zur gemeinschaftlichen Ermittlung und Herausgabe entsprechender Auskünfte gegenüber einem Kreditinstitut herangezogen werden. Danach prüft das Gericht, ob der Kläger aus einem Auskunftsanspruch gegenüber dem Beklagten die Mitwirkung an der Herausgabe der Informationen verlangen kann.

Mit der herrschenden Meinung[133] geht das Gericht davon aus, dass ein allgemeiner Auskunftsanspruch unter Miterben nicht besteht. Spezielle Auskunftstatbestände (wie z. B. § 2057 BGB) sind in vorliegendem Fall nicht einschlägig, sodass im Ergebnis das Gericht auch einen Auskunftsanspruch des Klägers gegenüber dem Beklagten nicht als gegeben ansieht.

Die Entscheidung des Gerichts gibt jedoch Anlass zu folgender Überlegung: Ausgangspunkt ist der nach allgemeiner Auffassung bestehende Anspruch eines jeden Erben, Auskunft auch für die Zeit vor dem Tode des Erblassers verlangen zu können, selbst wenn die Auskunft schon einmal zu Lebzeiten dem Erblasser selbst erteilt wurde (siehe oben).

Begehrt nunmehr ein Miterbe eine derartige Auskunft gegenüber der Bank und verlangt ein anderer Miterbe unter Berufung auf § 2039 Satz 2 BGB

133 Vgl. *Sarres*, S. 48.

die Hinterlegung der Auskunft, führt die Entscheidung des Amtsgerichts Rheinberg dazu, dass durch dieses Verlangen auf Hinterlegung der Auskunftsanspruch „ausgehebelt“ werden könnte.

Verweigert man nämlich anschließend dem die Auskunft begehrenden Miterben einen Anspruch gegenüber dem sich weigernden Miterben auf Mitwirkung an der Herausgabe der hinterlegten Auskunft, wäre die Auskunft für den begehrenden Miterben nicht zu erlangen.

Dass dieses Ergebnis nicht befriedigen kann, ergibt sich schon aus einem Vergleich zwischen Alleinerbe und Miterbe. Der Alleinerbe könnte den Anspruch durchsetzen, weil kein Miterbe existiert, der ihn daran hindern kann. Dem Alleinerben wäre es also ohne weiteres möglich, mit seinem Auskunftsbegehren hinsichtlich der Kontobewegungen zu Lebzeiten des Erblassers vermuteten Schenkungen an Dritte nachzugehen. Dem Miterben bliebe hingegen diese Möglichkeit verwehrt, wenn ein Miterbe der Auskunftserteilung widerspricht, weil er beispielsweise verhindern will, dass umfangreiche lebzeitige Schenkungen des Erblassers an seine Lebensgefährtin offenbar werden.

Ein derartiges Ergebnis ist vom Normzweck des § 2039 BGB nicht umfasst. Mit dieser Vorschrift soll jeder Miterbe, der auf Grund der gesamthänderischen Bindung eigentlich nur gemeinsam mit allen agieren könnte, allein und unabhängig von den anderen zur Einforderung der geschuldeten Leistung in der Lage sein, allerdings nicht nur an sich, sondern an alle Miterben.[134]

Damit wird erreicht, dass jeder Miterbe die der Erbengemeinschaft durch Nachlässigkeit einzelner ihrer Mitglieder drohenden Nachteile abwenden kann, ohne einen unberechtigten Sondervorteil zu erlangen.[135] Die Vorschrift schafft also gerade die Grundlage für eine erleichterte Geltendmachung von Nachlassforderungen auch gegen den Willen einzelner Miterben.

Wenn der Kläger daher im Fall des Amtsgerichts Rheinbach mit einem Hilfsantrag die Herausgabe an beide Parteien zur gemeinsamen Einsicht verlangt, ist nicht erkennbar, welchen Sondervorteil der Kläger und welchen Nachteil die Beklagte erlangt hätte.

Als Zwischenergebnis bleibt daher festzuhalten, dass es nicht vom Sinn und Zweck des § 2039 Satz 2 BGB umfasst ist, in einer Fallkonstellation,

---

134 *Palandt/Edenhofer*, § 2039 Rn. 1.
135 *Palandt/Edenhofer*, § 2039 Rn. 1.

wie sie der Entscheidung des Amtsgerichts Rheinberg zu Grunde lag, allein durch das Verlangen eines Miterben gegenüber der Bank, die Auskunft, die ein anderer Miterbe begehrt, zu hinterlegen, im Ergebnis verhindert werden könnte, dass die Auskunft dann (auch) an den begehrenden Miterben herausgegeben wird.

Es verbleibt dann die Frage, wie der Kläger an die Auskunft hätte gelangen können, denn ungeachtet der vorstehenden Überlegungen ist die Entscheidung des Amtsgerichts Rheinberg durchaus überzeugend.[136]

Nach diesseitiger Auffassung hätte der Kläger unmittelbar gegenüber der Bank vorgehen müssen. Die Bank ist nicht berechtigt, wenn ein anderer Miterbe der Auskunft widerspricht, selbige zu hinterlegen. Die Regelung des § 2039 BGB ist nicht einschlägig. Sie findet ausweislich des Tatbestandes Anwendung bei Ansprüchen, die zum „Nachlass" gehören. Der Anspruch eines Miterben, Auskunft über Informationen zu Lebzeiten des Erblassers zu erhalten, gehört nicht zum Nachlass.[137] Hier ist auf die vom Gesetzgeber differenziert gewählte Begrifflichkeit zu achten, wenn zwischen „Erbschaft" und „Nachlass" unterschieden wird.[138]

Dabei ist Erbschaft (z. B. in § 1922 BGB) das auf den Erben als Ganzes übergehende Vermögen des Erblassers, welches ohne Bezug zum Erben als Nachlass bezeichnet wird (z. B. in § 1960 BGB).[139] Unterscheidet man des Weiteren zwischen einem Auskunftsanspruch, der sich auf Geschäftsvorfälle[140] vor und nach dem Tode des Erblassers bezieht, ergibt sich Folgendes:

Richtet sich der Auskunftsanspruch auf Geschäftsvorfälle nach dem Tode des Erblassers, handelt es sich um einen Anspruch des Nachlasses im Sinne von § 2039 BGB.[141] Hier hat dann jeder Miterbe das Recht, Hinterlegung der Auskunft zu verlangen. Bei Streit unter den Miterben kann derjenige Miterbe, welcher der Auskunftserteilung widerspricht, grundsätzlich auf Mitwirkung gemäß § 2038 Abs. 1 Satz 2 BGB in Anspruch genommen werden, da es sich um eine Maßnahme der ordnungsgemäßen Verwaltung handelt.

---

136 Vgl. *Sarres*, S. 96.

137 Nicht differenzierend insoweit *Damrau/Tanck*, § 1922 Rn. 39, der den gegenüber der Bank bestehenden Auskunftsanspruch grundsätzlich als zum Nachlass zugehörig ansieht und unter § 2039 BGB subsumiert. Weiterhin wird aber eine Zustimmungspflicht der übrigen Miterben verneint, wobei die Bank aber in Anknüpfung an § 2039 BGB verpflichtet sein soll, Auskunft an alle Miterben zu erteilen.

138 Vgl. *Weirich*, S. 37.

139 *Palandt/Edenhofer*, § 1922 Rn. 2.

140 So die Begrifflichkeit in der Entscheidung des AG Rheinberg, a. a. O.

141 Insoweit zutreffend *Damrau/Tanck*, a. a. O.

Richtet sich der Auskunftsanspruch hingegen auf Geschäftsvorfälle vor dem Tode des Erblassers, handelt es sich nicht um eine Nachlassforderung.[142] Gleichwohl gehört dieser Anspruch (auf der Grundlage, wie vorstehend unter b aufgezeigt) zur Erbschaft. Die Bank ist deshalb verpflichtet, Auskunft an alle Miterben zu erteilen. Da § 2039 BGB keine Anwendung findet, kann auch kein Miterbe Hinterlegung der Auskunft verlangen und der Auskunftserteilung an einen begehrenden Miterben nicht widersprechen.

cc) Beteiligung des Erblassers an einem Gemeinschaftskonto

Diskussionswürdig erscheint die Frage, ob Beteiligungen des Erblassers an einem Gemeinschaftskonto, wie es insbesondere unter Eheleuten regelmäßig der Fall ist, dem Auskunftsanspruch unterliegen. Dadurch wird das Konto bezüglich des überlebenden Mitinhabers „gläsern".[143]

Das Auskunftsrecht der Miterben könnte mit einem schutzwürdigen Geheimhaltungsinteresse des Mitinhabers kollidieren. Im Ergebnis wird man diese Frage bejahen müssen. Der Mitinhaber eines Gemeinschaftskontos muss redlicherweise damit rechnen, dass im Falle des Todes eines Mitinhabers dessen Erben wissen wollen, welche Geldgeschäfte über dieses Konto abgewickelt wurden. Wer diese Gefahr bannen möchte, hat die einfache Möglichkeit, seine Geldgeschäfte über ein eigenes Konto abzuwickeln, dessen alleiniger Inhaber er ist. Über die eigenständige Erbfolgeregelung hat es dann jeder selbst in der Hand, die mit der Erbfolge einhergehenden Auskunftsrechte zu kanalisieren.

dd) Informationen aus dem Privatleben des Erblassers

Weiterhin wird die Frage erörtert, ob der Miterbe Auskunft bezüglich Informationen verlangen kann, die aus dem „Privatleben des Erblassers"[144] stammen und „höchstpersönliche Kenntnisse der Bank (z. B. von einem nichtehelichen Abkömmling des Erblassers)"[145] beinhalten.

Um sich der Beantwortung dieser Frage zu nähern, muss man sich vergegenwärtigen, dass die Gesamtsrechtsnachfolge in § 1922 Abs. 1 BGB „lediglich" das Vermögen des Erblassers umfasst. Unvererblich sind demgegenüber grundsätzlich die höchstpersönlichen Rechte.[146] Da die Miterben ihre Rechtsstellung gegenüber der Bank vom Erblasser ableiten,

---

142 Das AG Rheinberg spricht in diesem Zusammenhang vom „privaten Interesse eines Miterben, Kenntnisse über die Vorgänge auf den Konten des Erblassers vor dessen Tode zu erlangen".

143 Vgl. *Bartsch*, ZErb 1999, 20 bis 22.

144 *Sarres*, S. 96.

145 *Lange/Werkmüller*, S. 207.

146 *Palandt*, § 1922 Rn. 40.

kann das Auskunftsrecht nur soweit gehen, wie es die vermögensrechtliche Nachfolge erfordert.

Ein Auskunftsbegehren, welches ausschließlich darauf abzielt, eine Information zu erlangen, die höchstpersönlicher Natur ist und keine vermögensrechtliche Relevanz aufweist, ist unzulässig.

Selten dürfte in der Praxis hier allerdings eine eindeutige Trennlinie zu ziehen sein. Höchstpersönliche Rechte und Vermögensrechte sind regelmäßig eng miteinander verbunden und kaum zu trennen. So erlischt das Recht am eigenen Namen grundsätzlich mit dem Tod. Gerade bei bekannten Personen kann das Recht an diesem Namen von ganz erheblichem Vermögenswert sein. Auch ist anerkannt, dass die Erben (wenn es sich um die nächsten Angehörigen handelt) unabhängig von einer vermögensrechtlichen Komponente befugt sind, das allgemeine Persönlichkeitsrecht des Erblassers über dessen Tod hinaus zu schützen. Diesbezüglich könnten sie dann auf Informationen, welche der Bank bekannt sind, angewiesen sein.

Zutreffend muss deshalb im Einzelfall im Rahmen einer Interessenabwägung seitens der Bank die Kollision zwischen Geheimhaltungspflicht einerseits und dem Auskunftsbegehren der Miterben andererseits gelöst werden.[147]

Entscheidend ist hierbei auf den Willen des Erblassers abzustellen. Allein das Bankgeheimnis hindert die Auskunft nicht, wenn ein Wille des Erblassers festgestellt werden kann, dass dieser mit der Erteilung der Auskunft einverstanden ist.[148] Lässt sich ein ausdrücklicher Wille des Erblassers feststellen, gestaltet sich die Rechtslage einfach, was allerdings selten der Fall sein dürfte. Regelmäßig wird daher der mutmaßliche Wille zu erforschen sein.[149]

Für eine vermögensrechtlich relevante (also nicht ausschließlich der höchstpersönlichen Sphäre zuzuordnende) Verfügung über Sparkassenbriefe, die der Erblasser zu Lebzeiten vornimmt, ohne die Erben hierüber zu informieren, hat der BGH die Auffassung vertreten, dass alleine aus diesem Umstand nicht der mutmaßliche Wille des Erblassers abgeleitet werden kann, er wolle diese Verfügung vor den Erben geheim halten.[150]

---

147 Vgl. *Werkmüller/Lange*, S. 206.
148 Vgl. BGH NJW 1989, 1602.
149 Vgl. *Sichtermann*, Bankgeheimnis u. Bankauskunft, S. 174.
150 Vgl. BGH NJW 1989, 1602.

e) Legitimation

Für die Legitimation des Erben im Rechtsverkehr stellt das Gesetz in erster Linie den Erbschein (§§ 2353 ff. BGB) zur Verfügung. Hierbei handelt es sich aber nicht um die einzige Möglichkeit des Erben, seine Rechtsstellung zu dokumentieren. Als Legitimationsgrundlage kommen vor allem auch die notarielle letztwillige Verfügung oder eine trans- respektive postmortale Vollmacht in Betracht.[151] Auch gibt es keine Regelung, die den Nachlassschuldner berechtigen würde, seine Leistung von der Vorlage eines Erbscheins abhängig zu machen.[152] Dieser Grundsatz wird allgemein anerkannt, was auf den ersten Blick überrascht, weil der gutgläubige Nachlassschuldner nur dann vor doppelter Inanspruchnahme geschützt wird, wenn er sich einen Erbschein vorlegen lässt (§§ 2366, 2367 BGB).[153] Legt der Scheinerbe hingegen lediglich eine notarielle letztwillige Verfügung mit Eröffnungsniederschrift vor, so muss der Nachlassschuldner an den richtigen Erben erneut leisten, selbst wenn ihn kein Verschulden trifft.[154]

Gleichwohl hat der BGH in seinem Urteil vom 7. Juni 2005[155] entschieden, dass ein eröffnetes öffentliches Testament in der Regel einen ausreichenden Nachweis für ein Erbrecht darstellt.[156] Es handelt sich hierbei allerdings nur um einen Grundsatz, der durch die Formulierung „in der Regel" zum Ausdruck kommt. Stets sind in jedem Einzelfall die wechselseitigen Interessen gegeneinander abzuwägen, maßgeblich also einerseits das Interesse des Nachlassschuldners, hier der Bank, nicht an einen Scheinerben zu leisten und dadurch der Gefahr der doppelten Inanspruchnahme ausgesetzt zu sein, andererseits das Interesse der Erben an einer möglichst raschen und kostengünstigen Abwicklung.[157] Lässt sich somit einem eröffneten öffentlichen Testament nicht eindeutig entnehmen, wer zum Erben berufen ist, führt die vorzunehmende Interessenabwägung zu dem Ergebnis, dass die Bank auf die Vorlage eines Erbscheins bestehen kann.[158]

Maßgeblich zu beachten ist hingegen, dass der vorgenannten Entscheidung des BGH ein Sachverhalt zugrunde lag, bei dem auf das Rechtsverhältnis zwischen Bank und Erbe die Allgemeinen Geschäfts-

---

151 *Ivo*, ZErb 2006, S. 7.
152 *Keim*, ZErb 2006, S. 31.
153 *Keim*, a. a. O.
154 *Keim*, a. a. O.
155 BGH, ZErb 2006, S. 29 ff.
156 Im dortigen Fall hatte die Bank auf die Vorlage eines Erbscheins bestanden, obwohl die Erbin ein eröffnetes öffentliches Testament vorgelegt harte.
157 Vgl. BGH, a. a. O., S. 30.
158 Vgl. BGH, a. a. O.

bedingungen der Banken keine Anwendung fanden. Für die Alltagsfälle in der Praxis hat die Entscheidung des BGH daher nur eingeschränkte Bedeutung, da im Regelfalle die Allgemeinen Geschäftsbedingungen der Banken Anwendung finden. Dort ist in Ziffer 5 AGB-Banken[159] geregelt, dass die Bank zum Nachweis der Berechtigung die Vorlage eines Erbscheins verlangen kann.[160] Die Bank kann hiernach aber auch auf die Vorlage eines Erbscheins verzichten, wenn ihr eine Ausfertigung oder eine beglaubigte Abschrift der letztwilligen Verfügung nebst zugehöriger Eröffnungsniederschrift vorgelegt wird. Es handelt sich also um eine Ermessensentscheidung der Bank. Da eine derartige Ermessensentscheidung nur dann vertragsgerecht sein dürfte, wenn hierbei die wechselseitigen Interessen der Vertragspartner berücksichtigt werden, steht zu erwarten, dass der BGH auch in einem Fall, bei dem die AGB-Banken Anwendung finden, im Sinne des vorstehend benannten Urteils eine Ermessensausübung der Bank fordern wird.

Ein Miterbe kann sich auch durch Vorlage einer Vollmacht legitimieren, die er vom Erblasser erhalten hat. Die zusätzliche Vorlage eines Erbscheins ist in diesem Fall entbehrlich. Man unterscheidet zwischen einer Vollmacht, die bereits zu Lebzeiten des Erblassers und über dessen Tod hinaus Gültigkeit hat (sog. „transmortale“ Vollmacht) und einer Vollmacht, die erst mit dem Tod des Erblassers entstehen soll (sog. „postmortale“ Vollmacht).[161] Der insoweit mit einer Vollmacht ausgestattete Miterbe ist im Rahmen der durch die Vollmacht eingeräumten Befugnisse berechtigt, für und gegen die anderen Miterben rechtsgeschäftliche Handlungen vorzunehmen, ohne deren Zustimmung zu bedürfen.[162]

f) Erfüllung

Im Rahmen der Erfüllung des Auskunftsanspruchs der Miterben stellen sich vornehmlich zwei Problemkreise:

Zum einen stellt sich die Frage, ob die Bank den Auskunftsanspruch durch Hinterlegung der geforderten Informationen und Unterlagen beim Amtsgericht erfüllen kann. Diese Frage stellt sich dann, wenn unter den Miterben Streit besteht, ob die von einem Miterben gewünschte Information zu erteilen ist oder das Bankgeheimnis Vorrang hat. Sie wird allgemein in Anknüpfung an § 2039 Satz 2 BGB bejaht.[163] Nach dieser

159 Siehe Anhang (die AGB's der Sparkassen und Volksbanken enthalten entsprechende Regelungen).
160 *Keim*, a. a. O.
161 Vgl. *Ivo*, a. a. O., S. 9.
162 *Ivo*, a. a. O.
163 *Lange/Werkmüller*, a. a. O., S. 208; *Ott-Eulberg*, a. a. O., S. 334.

Norm kann jeder Miterbe verlangen, dass der Verpflichtete die zu leistende Sache für alle Miterben hinterlegt.[164] Da die Bank in der Praxis den Auskunftsanspruch immer in schriftlicher Form erfüllen wird und somit die Auskunft in dem entsprechenden Schriftstück eine „Verkörperung" erfährt (vgl. § 90 BGB), ist die Voraussetzung des Begriffs der Sache gemäß § 2039 Satz 2 BGB gegeben.

Zum anderen wird die Frage aufgeworfen, ob die Bank die Erfüllung des Auskunftsbegehrens unter Berufung auf die Einwendung verweigern kann, der Anspruch sei schon dadurch erfüllt worden, dass dem Erblasser bereits zu Lebzeiten die jetzt nochmals verlangten Informationen erteilt worden seien.

Hierzu hat der BGH[165] ausgeführt, dass jeder Kunde, auch wenn er bereits von der Bank bestimmte Informationen erhalten hat, hierüber erneut Auskunft verlangen kann, wenn er glaubhaft macht, dass ihm die erteilten Informationen z. B. verloren gegangen sind und der Bank die erneute Auskunft möglich und zumutbar ist. Häufig ist in der Praxis in diesem Zusammenhang die Konstellation, dass ein Miterbe Informationen (z. B. Kontoauszüge) im Besitz hat, die von der Bank schon zu Lebzeiten dem Erblasser erteilt wurden und dieser Miterbe die Einräumung des Mitbesitzes und die Einsicht in die Unterlagen den übrigen Miterben rechtswidrig verweigert.

Um den zeit- und kostenintensiveren Weg zu meiden, sich das Recht auf Einräumung des Mitbesitzes und der Einsicht in die Unterlagen in einem Zivilprozess gegenüber dem verweigernden Miterben erstreiten zu müssen, wenden sich die übrigen Miterben oftmals mit der Forderung an die Bank, ihnen diese Unterlagen (z. B. Duplikate der Kontoauszüge) zu erteilen. Die Bank kommt dieser Forderung regelmäßig nach, allerdings gegen Erstattung der Kosten, die mit der erneuten Auskunftserteilung verbunden sind.

Wendet man allerdings die vom BGH formulierten Voraussetzungen für den Anspruch auf neuerliche Erteilung der Informationen konsequent an, könnte die Bank durchaus einwenden, in dieser Fallkonstellation seien die Informationen ja noch vorhanden, und den Anspruch mit diesem Argument verweigern.

---

164 Siehe aber für die notwendige Differenzierung, wenn Auskünfte für die Zeit vor dem Tode des Erblassers verlangt wird, die Ausführungen vorstehend unter d) „Umfang".

165 BGH, Urt. v. 28. 2. 1989 – XI ZR 91/88, NJW 1989, 1601.

g) Kosten der Auskunft

aa) Anspruch der Bank auf Kostenerstattung

Für Dienstleistungen kann die Bank die hiermit verbundenen Kosten in Rechnung stellen. Zu derartigen Dienstleistungen gehört auch die Erteilung von Auskünften. Als Anspruchsgrundlage hierzu dienen in erster Linie die vertraglichen Vereinbarungen zwischen Bank und Kunde. In diese Rechtsbeziehung sind die Miterben im Wege der Gesamtrechtsnachfolge nach § 1922 Abs. 1 BGB eingetreten. Es wird daher in der Regel auch auf die Allgemeinen Geschäftsbedingungen der Banken zurückzugreifen sein. Entscheidend ist dabei die Regelung in Ziffer 12 AGB-Banken. Diese lautet in Absatz 1 wie folgt:

(1) Zinsen und Entgelte im Privatkundengeschäft
Die Höhe der Zinsen und Entgelte für die im Privatkundengeschäft üblichen Kredite und Leistungen ergibt sich aus dem „Preisaushang – Regelungen im standardisierten Privatkundengeschäft" und ergänzend aus dem „Preis- und Leistungsverzeichnis". Wenn ein Kunde einen dort aufgeführten Kredit oder eine dort aufgeführte Leistung in Anspruch nimmt und dabei keine abweichende Vereinbarung getroffen wurde, gelten die zu diesem Zeitpunkt im Preisaushang oder Preis- und Leistungsverzeichnis angegebenen Zinsen und Entgelte. Für die darin nicht aufgeführten Leistungen, die im Auftrag des Kunden oder in dessen mutmaßlichem Interesse erbracht werden und die, nach den Umständen zu urteilen, nur gegen eine Vergütung zu erwarten sind, kann die Bank die Höhe der Entgelte nach billigem Ermessen (§ 315 des Bürgerlichen Gesetzbuches) bestimmen.

Dieses Recht der Banken, das Entgelt selbst zu bestimmen, gilt als zulässig und gerechtfertigt.[166] Es empfiehlt sich daher, die Kosten vor der Erhebung des Anspruchs auf Auskunft zu erfragen. Gerade dann, wenn mit der Auskunft arbeitsintensive Recherchen verbunden sind, meidet die vorherige Klarstellung der Kosten „böse Überraschungen".

bb) Gegenseitiger Anspruch der Beteiligten auf Kostenerstattung

Interessant ist in diesem Zusammenhang eine Entscheidung des OLG Koblenz.[167] Danach sind Kosten, die der Gläubiger im Einvernehmen mit dem Schuldner einholt, erstattungsfähig. Der Leitsatz der Entscheidung lautet wie folgt:

„Ist eine beklagte Partei im Wege der Stufenklage zur Auskunft über Zuwendungen ihres Rechtsvorgängers (Erblassers) in den letzten 10 Jahren

---

166 Vgl. *Bartsch*, ZErb 1999, 22.
167 OLG Koblenz, Beschl. v. 9. 9. 1996 – 14 W 528/96, rkr., ZEV 1997, 305 f.

verurteilt und erklärt sie nunmehr ihr Einverständnis zur Einholung von Bankauskünften durch den Gegner hinsichtlich der Kontenentwicklungen, so sind die Auslagen des Gegners für die Gebühren der Banken für die Auskünfte notwendige und erstattungsfähige Prozesskosten.“

Das OLG-Koblenz begründet seine Entscheidung folgendermaßen:

„Zu Recht hat der Rechtspfleger die Auslagen der Kl. für die Gebühren der Banken für die Fertigung von Kontoauszügen und Nachforschungen (3.566 DM) als erstattungsfähig angesehen. Es handelte sich hierbei um Kosten, die zur zweckentsprechenden Rechtsverfolgung notwendig waren. Im Wege der Auskunfts- und Stufenklage hatten die Kl. nicht nur Auskunft über den Wert des Nachlasses, sondern auch über die Zuwendungen der Erblasserin innerhalb der letzten 10 Jahre vor dem Erbfall geltend gemacht. Die Einholung der Auskünfte bei Banken und Sparkassen entsprach dem Interesse und dem Einverständnis der ansonsten auskunftspflichtigen Bekl. Sie hat ausdrücklich in der mündlichen Verhandlung am 6. 12. 1991 erklärt: „Ich bin damit einverstanden, dass die Kläger bei folgenden Banken und Sparkassen Auskünfte über die Entwicklung der Konten der Erblasserin ... einholen.“ Später haben dann die Anwälte der Bekl. darum gebeten, dass ihnen die eingeholten Auskünfte zugänglich gemacht werden. Die Einholung der Auskünfte diente der Förderung und der Erledigung des Rechtsstreits, war zur zweckentsprechenden Rechtsverfolgung notwendig. Den Anfall der Auslagen haben die Kl. nachgewiesen. Das Rechtsmittel der Bekl. ist demnach nicht begründet.“

h) Nach Durchführung der Erbauseinandersetzung

Jeder Miterbe kann jederzeit die Auseinandersetzung der Erbengemeinschaft verlangen, soweit sich nicht aus den §§ 2043 bis 2045 BGB etwas anderes ergibt (§ 2042 Abs. 1 BGB). Die Erbengemeinschaft ist also von Beginn an ein Zusammenschluss auf Zeit und auf eine Auseinandersetzung angelegt.

Nach Durchführung der Auseinandersetzung ist eine vertragliche Wiedereinführung dieser Erbengemeinschaft ausgeschlossen.[168] Damit endet auch die Beziehung zur Bank, die ursprünglich vom Erblasser begründet wurde und in welche die Erben im Wege der Universalsukzession eingetreten waren. Es entfällt somit auch die Anspruchsgrundlage, auf die sich der Auskunftsanspruch der Miterben gestützt hat (vgl. oben unter b).

---

168 Vgl. *Palandt/Heinrichs*, § 2042 Rn. 22.

Ebenso verhält es sich für denjenigen Miterben, der im Wege einer Teilauseinandersetzung aus der Erbengemeinschaft ausscheidet (sog. persönlich beschränkte Teilauseinandersetzung). Durch sein Ausscheiden verliert er die Anspruchsgrundlage gegenüber der Bank, auf die sich der in der Erbengemeinschaft noch befindende Miterbe für sein Auskunftsbegehren stützen kann.

Die sog. gegenständlich beschränkte Teilauseinandersetzung bezieht sich, wie der Name schon impliziert, lediglich auf einen oder mehrere Nachlassgegenstände.

Hinsichtlich des ungeteilten Nachlasses bleibt die Erbengemeinschaft bestehen. Die betreffenden Nachlassgegenstände, auf die sich die Teilauseinandersetzung bezieht, scheiden endgültig aus dem Gesamthandsvermögen aus. Die einmal ausgeschiedenen Gegenstände können nicht, auch nicht einvernehmlich, erneut wieder in die Erbengemeinschaft mit einbezogen werden.

Wird also beispielsweise ein Sparbuch und das hierdurch ausgewiesene Guthaben auf einen Miterben im Wege einer zulässigen Teilauseinandersetzung rechtswirksam übertragen, so scheidet es aus dem Gesamthandsvermögen aus und wird Eigenvermögen dieses Miterben. Die im Übrigen noch fortbestehende Gemeinschaft der Miterben (an welcher der Miterbe, an den das Sparbuch übertragen wurde, noch Mitglied ist, weil es sich ja lediglich um eine gegenständlich beschränkte Teilauseinandersetzung handelt) hat dann im Hinblick auf dieses Sparbuch keinen Auskunftsanspruch mehr.

In der Praxis problematisch ist die Frage, wie sich der nach erfolgter (Teil-) Auseinandersetzung nunmehr allein berechtigte „Miterbe" legitimieren respektive die Beendigung der Erbengemeinschaft und seine alleinige Rechtsstellung nachweisen kann.[169]

Liegen ein notarieller oder ein schriftlicher Erbauseinandersetzungsvertrag vor, den alle Miterben unterzeichnet haben, gestaltet sich der Nachweis noch recht einfach. Die Vorlage eines derartigen Vertrags wird die Bank als ausreichenden Nachweis akzeptieren müssen, zumindest, wenn der vertragliche Regelungsgehalt eindeutig ist.

Schwierig wird der Nachweis dann, wenn die Auseinandersetzung der Erbengemeinschaft auf Grund mündlich getroffener Vereinbarung ganz oder teilweise erfolgt – die in der Praxis sicherlich häufigste Art der Aus-

---

169 Vgl. *Bartsch*, ZErb 1999, 22.

einandersetzung. Das findet seinen Grund darin, dass die Auseinandersetzung der Erbengemeinschaft grundsätzlich keiner Form bedarf. Formerfordernisse ergeben sich erst dann, wenn die Auseinandersetzung Abreden enthält, die einer bestimmten Form bedürfen.

Gängiges Beispiel ist die Notwendigkeit der notariellen Beurkundung eines Vertrages, durch den sich ein Vertragspartner verpflichtet, das Eigentum an einem Grundstück zu übertragen oder zu erwerben (§ 311b BGB).

Erfolgte die Vereinbarung der Auseinandersetzung aber wirksam in mündlicher Form und wurde anschließend durch die entsprechenden Verfügungsgeschäfte vollzogen, wird als geeigneter Nachweis lediglich die Erklärung der früheren Miterben gegenüber der Bank dahin gehend in Betracht kommen, dass die Auseinandersetzung (ganz oder teilweise) vollzogen ist.[170]

Fraglich ist, woraus sich eine entsprechende Anspruchsgrundlage für denjenigen „Miterben" ergibt, der sich gegenüber der Bank legitimieren muss, von den bisherigen Miterben eine solche Erklärung gegenüber der Bank verlangen zu können. In Betracht kommt hier, die Pflicht zur Abgabe einer derartigen Erklärung als Nebenpflicht aus dem Auseinandersetzungsvertrag herzuleiten.

Nebenleistungspflichten dienen der Vorbereitung, Durchführung und Sicherung der Hauptleistung.[171] Sie sind auf die Herbeiführung des Leistungserfolgs bezogen und ergänzen die Hauptleistungspflicht. Das Schuldverhältnis erschöpft sich gerade nicht in der Herbeiführung des geschuldeten Leistungserfolges, sondern ist eine von dem Grundsatz von Treu und Glauben beherrschte Sonderverbindung.[172]

Eine Form der selbständigen (d. h. gesondert einklagbaren) Nebenpflichten ist die sog. Mitwirkungspflicht.[173] Gläubiger und Schuldner sind verpflichtet, im Zusammenwirken die Voraussetzungen für die Durchführung des Vertrags zu schaffen und Erfüllungshindernisse zu beseitigen. Die Mitwirkungspflicht dient daher der Erreichung des Vertragszwecks und des Leistungserfolgs.[174]

---

170 Vgl. *Bartsch*, a. a. O.
171 *Palandt/Heinrichs*, Einl. v. § 241 Rn. 6.
172 *Palandt/Heinrichs*, Einl. v. § 241 Rn. 6.
173 *Palandt/Heinrichs*, § 242 Rn. 32.
174 *Palandt/Heinrichs*, § 242 Rn. 32.

In der hier vorliegenden Fallkonstellation ist der „Miterbe", der sich gegenüber der Bank nunmehr als allein Berechtigter legitimieren muss, auf die Mitwirkung der früheren Miterben angewiesen. Ohne deren Erklärung, dass die Erbengemeinschaft auseinander gesetzt und der betreffende „Miterbe" nunmehr allein berechtigt ist, über ein bestimmtes Konto, Sparbuch etc. allein zu verfügen und Auskünfte zu verlangen, wird der im Auseinandersetzungsvertrag beabsichtigte Leistungserfolg, diesem „Miterben" ein bestimmtes Konto, Sparbuch etc. zu alleinigem Eigentum und damit zur alleinigen Verfügungsbefugnis zu übertragen, nicht erreichbar sein.

Die Bank wird im Hinblick auf frühere Nachlasskonten, die in der gesamthänderischen Verfügungsgewalt der Miterben standen, erst dann die alleinige Verfügungsbefugnis des „Miterben" akzeptieren, wenn der Nachweis in Form einer entsprechenden Erklärung der bisherigen Miterben vorliegt.

Eine Mitwirkungspflicht als vertragliche Nebenpflicht aus dem Auseinandersetzungsvertrag zur Abgabe dieser Erklärung ist somit zu bejahen.

3. Ehegatte und Partner nach dem Partnerschaftsgesetz

RA/FAfErbR Markus Maibach

a) Beschreibung

aa) Ehegatte

Ehegatte im Sinne der erbrechtlichen Vorschriften ist derjenige, der zum Zeitpunkt des Todes des Erblassers mit diesem in wirksamer Ehe verheiratet ist.

Beweisbelastet für die wirksame Ehe ist derjenige, der sich hierauf beruft. Wer behauptet, die Ehe sei aufhebbar, trägt hierfür die Beweislast. Aufhebungsgründe sind beispielsweise fehlende Ehemündigkeit (§ 1303 BGB), Doppelehe (§ 1306 BGB) oder ein die Ehe ausschließendes Verwandtschaftsverhältnis (§ 1307 BGB).

Die Aufhebbarkeit der Ehe ist deshalb von Relevanz, weil das gesetzliche Erbrecht des Ehegatten gemäß § 1931 BGB keine Anwendung findet, wenn diese Aufhebungsgründe dem Ehegatten bei Eheschließung bekannt waren (§ 1318 Abs. 5 BGB).

Dieses gesetzliche Sondererbrecht des Ehegatten besteht neben den gesetzlichen Erbenordnungen. Seine Höhe richtet sich zum einen nach dem Güterstand, mit dem der überlebende Ehegatte mit dem Erblasser zum Zeitpunkt seines Todes verbunden war, zum anderen nach dem Grad der Ordnung der übrigen Erben, die neben dem Ehegatten erbberechtigt sind. Außerdem muss der Ehegatte den Erblasser überleben, sei es auch nur für einen kurzen Augenblick.

Versterben die Ehegatten gleichzeitig, besteht keine wechselseitige Erbberechtigung. In diesem Fall wird jeder Ehegatte gesondert im Wege der jeweiligen gesetzlichen Erbfolgeordnung beerbt.

Der überlebende Ehegatte ist neben Verwandten der ersten Ordnung (Abkömmlinge des Erblassers) zu einem Viertel, neben Verwandten der zweiten Ordnung (Eltern des Erblassers und deren Abkömmlinge) und neben Großeltern zur Hälfte der Erbschaft als gesetzlicher Erbe berufen.

Sind derartige Verwandte nicht vorhanden, so erhält der überlebende Ehegatte die ganze Erbschaft. Hierbei handelt es sich aber nur um die „halbe Wahrheit“. Die endgültigen Erbquoten des Ehegatten lassen sich erst dann bestimmen, wenn der Güterstand ermittelt ist, in dem die Eheleute zum Zeitpunkt des Todes des Erblassers lebten.

Bei dem in der Praxis häufigsten Güterstand, dem gesetzlichen Güterstand der Zugewinngemeinschaft, erhöhen sich die genannten Beteiligungen des Ehegatten um jeweils ein Viertel. Neben Verwandten der ersten Ordnung wird der Ehegatte dann Miterbe zu ein halb, neben Verwandten der zweiten Ordnung und Großeltern zu drei viertel.[175]

Bestand beim Erbfall Gütertrennung und sind als gesetzliche Erben neben dem überlebenden Ehegatten ein oder zwei Kinder berufen, so erben der überlebende Ehegatte und jedes Kind zu gleichen Teilen. Sind mehr als zwei Kinder vorhanden, bleibt es bei einer Mindestquote des Ehegatten von einem Viertel.

---

175 Zur umstrittenen Frage der Erbquote des überlebenden Ehegatten, wenn mit Großeltern Abkömmlinge von Großeltern zusammentreffen, vgl. *Tanck* in Damrau § 1931 Rn. 10.

Bei der Gütergemeinschaft verbleibt es bei den eingangs erwähnten Quoten. Die Gütergemeinschaft hat also keine Veränderung der Quoten zur Folge, die an die gesetzliche Erbfolgeordnung der übrigen Miterben anknüpfen.

Ausgeschlossen ist das Erbrecht des Ehegatten, wenn zur Zeit des Todes des Erblassers die Voraussetzungen für die Scheidung der Ehe gegeben waren und der Erblasser die Scheidung beantragt oder ihr zugestimmt hatte (§ 1933 Satz 1 BGB). Das Gleiche gilt, wenn der Erblasser berechtigt war, die Aufhebung der Ehe zu beantragen, und den Antrag gestellt hatte (§ 1933 Satz 2 BGB).

bb) Lebenspartner

Unter diesen Begriff fallen nur diejenigen Personen, die nach dem Gesetz zur Beendigung der Diskriminierung gleichgeschlechtlicher Gemeinschaften (LPartG) eine Lebenspartnerschaft begründet haben. Nicht hierunter fallen andere Formen des gemeinschaftlichen Zusammenlebens, z. B. die nichteheliche Lebens- und Wirtschaftsgemeinschaft.

Nach dem LPartG, können zwei Personen gleichen Geschlechts eine Lebenspartnerschaft begründen, wenn sie persönlich und bei gleichzeitiger Anwesenheit erklären, miteinander eine Partnerschaft führen zu wollen (§ 1 Abs. 1 Satz 1 LPartG). Das LPartG hat mit seinen Normierungen und seiner Vielzahl von Verweisungen auf eherechtliche Vorschriften ein Rechtsinstitut geschaffen, welches im Kern ein „Abbild der Ehe" darstellt.[176]

Für das gesetzliche Erbrecht des Lebenspartners ist § 10 LPartG die zentrale Vorschrift. Die Regelung entspricht im Wesentlichen dem gesetzlichen Erbrecht des Ehegatten. Voraussetzung ist das Bestehen einer wirksamen Lebenspartnerschaft nach dem LPartG.

Relevant ist dabei vor allem § 1 LPartG. So kann auch ein Lebenspartner, wie der Ehegatte, nicht gleichzeitig mehrere Lebenspartner im Sinne des Gesetzes haben.

Ebenso ist mit Verwandten in gerader Linie eine Lebenspartnerschaft ausgeschlossen. Des Weiteren führt auch bei der Lebenspartnerschaft erst das Zusammenspiel der Erbfolgeordnungen der neben dem Lebenspartner erbenden Verwandten und dem „Güterstand" des Lebenspartners zur endgültigen Ermittlung seiner Erbquote. Allerdings wird beim Lebenspartner der Güterstand durch den sog. Vermögensstand ersetzt. Vor Be-

176 *Palandt/Brudermüller*, Einl. LPartG, Rn. 3.

gründung der Lebenspartnerschaft haben sich die Lebenspartner über den Vermögensstand zu erklären. Eine solche Erklärung ist eine der Wirksamkeitsvoraussetzungen für die Begründung einer Lebenspartnerschaft.

In Betracht kommen die Ausgleichsgemeinschaft, die Vermögensbetreuung und die Vermögenstrennung. Dabei entspricht die Ausgleichsgemeinschaft der Zugewinngemeinschaft bei Ehegatten. Durch den Verweis in § 6 Abs. 2 LPartG auf § 1371 BGB kommt es auch hier zu einer Erbquote des Lebenspartners neben Verwandten der ersten Ordnung zu ein halb, neben Verwandten der zweiten Ordnung oder neben Großeltern zu drei viertel. Die anderen Vermögensstände haben keinen Einfluss auf die grundsätzlichen Erbquoten. Es verbleibt dann bei den Erbquoten des Lebenspartners von einem Viertel neben Verwandten der ersten Ordnung und bei der Hälfte neben Verwandten der zweiten Ordnung oder neben Großeltern.

Auch bei der Lebenspartnerschaft gibt es eine dem § 1933 BGB entsprechende Regelung. So ist das gesetzliche Erbrecht des überlebenden Lebenspartners ausgeschlossen, wenn zur Zeit des Todes des Erblassers die Voraussetzungen für die Aufhebung der Lebenspartnerschaft gegeben waren und der Erblasser die Aufhebung beantragt oder ihr zugestimmt hatte (§ 10 Abs. 3 Nr. 1 LPartG).

b) Anspruchsgrundlage

Die rechtliche Stellung von Ehegatte und Lebenspartner sowie die damit einhergehenden Auskunftsrechte richten sich nach ihrer erbrechtlichen Position. Es gibt also keinen gesonderten Auskunftsanspruch gegenüber der Bank nur deshalb, weil eine Person zum Zeitpunkt des Todes des Erblassers mit ihm verheiratet bzw. als Lebenspartner verbunden war. Folglich können Ehegatte/Lebenspartner beispielsweise als Alleinerbe/Miterbe die entsprechenden Auskunftsansprüche gegenüber der Bank geltend machen; als Pflichtteilsberechtigte sind sie grundsätzlich auf den Anspruch gegenüber dem Erben nach § 2314 BGB beschränkt etc. Hier ist auf die jeweiligen Ausführungen zu den einzelnen Rechtspositionen zu verweisen.

c) Umfang/Legitimation

Der Umfang des Auskunftsanspruches sowie die jeweilige Legitimationsgrundlage richten sich ebenfalls nach der individuellen erbrechtlichen Position von Ehegatte und Lebenspartner. Auch insoweit ist daher auf die entsprechenden Ausführungen zu den einzelnen Rechtspositionen zu verweisen.

4. Testamentsvollstrecker

RA/FAfErbR/Abogado (Spanien) Niels Becker

a) Allgemeines

Der Testamentsvollstrecker ist nach heute überwiegender Auffassung in Rechtsprechung und Schrifttum Inhaber eines privaten Amtes.[177] Er ist somit weder „Vertreter" des Erben noch des Erblassers.[178] Gemäß § 2205 S. 1 BGB unterliegt dem Testamentsvollstrecker in Verdrängung des Erben die Verwaltung des Nachlasses.[179] Dies gilt selbstverständlich auch für das gesamte Bankvermögen des Erblassers.[180] Dabei ist eine der vordinglichsten Pflichten des Vollstreckers, ein Nachlassverzeichnis zu erstellen (§ 2215 BGB).

Es kann auch der Erbe gegenüber dem Testamentsvollstrecker umfassend Auskunft gemäß §§ 2218 Abs. 1, 666 BGB verlangen. Um diese Aufgaben bewerkstelligen zu können, benötigt der Testamentsvollstrecker Auskünfte der Bank über mögliches Bankvermögen oder -verbindlichkeiten des Erblassers. Um sich insoweit die notwendigen Kenntnisse zu verschaffen, steht ihm ein umfassender Auskunftsanspruch gegenüber der Bank des Erblassers zu.

b) Legitimation

Gemäß § 2368 Abs. 1 S. 1 BGB wird dem Testamentsvollstrecker vom Nachlassgericht ein Testamentsvollstreckerzeugnis ausgestellt, das ihn bei der Verwaltung des Nachlasses legitimiert.

---

177 MüKo-*Zimmermann*, Vor § 2197 Rn. 5 m. w. N. zum Meinungsstand.
178 *Bonefeld* in Damrau, Praxiskomm. BGB, § 2197 Rn. 1.
179 MüKo-*Zimmermann*, § 2205 Rn. 4; *Werkmüller*, ZEV 2000, 305, 307.
180 *Bartsch* in Ott-Eulberg/Schebesta/Bartsch, Erbrecht und Banken, Angelbachtal 2000, S. 229.

Nach Ziffer 5 der AGB-Banken ist das Zeugnis dementsprechend grundsätzlich als Legitimationsnachweis vorzulegen. Die Bank kann auch verlangen, dass der Testamentsvollstrecker vor jeder Verfügung erneut nachweist, dass die Vollstreckung noch fortbesteht.[181]

Bis zur Ausstellung des Zeugnisses durch das Nachlassgericht können sich jedoch in der Praxis Verzögerungen ergeben. Es fragt sich daher, ob der Testamentsvollstrecker auch ohne das Zeugnis Auskünfte von der Bank begehren kann.

Zum Teil wird vertreten, der Vollstrecker könne im Rechtsverkehr und damit auch gegenüber der Bank nur handeln, wenn er das Testamentsvollstreckerzeugnis vorlegt.[182] Hiergegen spricht aber, dass das Zeugnis keineswegs konstitutiv für das Amt des Vollstreckers ist, sondern nur einen Nachweis über die zuvor erfolgte Ernennung und Annahme darstellt,[183] wobei die Ernennung in der Regel durch den Erblasser im Testament[184] und die Annahme durch Erklärung gegenüber dem Nachlassgericht gemäß § 2202 Abs. 2 BGB erklärt wird.

Hierzu ist eine privatschriftliche Erklärung ausreichend.[185] Das Amt beginnt gemäß des Wortlautes von § 2202 Abs. 1 BGB mit dem Zeitpunkt, in dem der Ernannte sein Amt annimmt. Hieraus folgt, dass die Bank auch dann Auskünfte erteilen kann und muss, wenn der Testamentsvollstrecker gemäß Ziffer 5 AGB-Banken ein eröffnetes Testament vorlegt, aus dem sich seine Ernennung ergibt, sowie seine Annahmeerklärung gegenüber dem Nachlassgericht.[186]

Es mag allerdings praktisch empfehlenswert sein, wenn der Erblasser den Testamentsvollstrecker zusätzlich mit einer postmortalen Vollmacht ausstattet, die ihm die Auskunftserlangung nicht aus seinem Amt als Testamentsvollstrecker ermöglicht, sondern als Bevollmächtigter des Erblassers.[187] Umständliche Legitimationsprüfungen können auch dann entfallen, wenn die Bank selbst die Testamentsvollstreckung übernimmt.[188]

---

181 BGH-II ZR 196/59, WM 1961, 479, 481.

182 *Werkmüller*, ZEV 2000, 305, 307.

183 *Uricher* in Damrau, Praxiskomm. BGB, § 2368 Rn. 1.

184 Sie erfolgt nur im Ausnahmefall durch das Nachlassgericht (§ 2200 BGB).

185 *Bonefeld* in Damrau, Praxiskomm. BGB, § 2202 Rn. 2.

186 Ähnlich auch *Sarres*, Erbrechtliche Auskunftsansprüche, München 2004, Rn. 291, der die Vorlegung des eröffneten Testaments für ausreichend hält.

187 AnwK-BGB/*Weidlich*, vor §§ 2197–2228 Rn. 9; *Werkmüller*, ZEV 2000, 305, 307.

188 Dies ist gemäß § 5 Abs. 2 RDG, das am 1. 7. 2008 in Kraft tritt, möglich. BGH, Urt. v. 11. 11. 2004 – I ZR 213/02, NJW 2005, 969; *Zimmermann*, Testamentsvollstreckung durch Banken, ZErb 2007, 278 ff.; a. A. zur alten Rechtslage noch OLG Düsseldorf, Urt. v. 5. 7. 2001 – 20 U 20/01, ZEV 2002, 27 ff.

Hinweis:

Begehrt ein Testamentsvollstrecker Auskünfte von der Bank, reicht es, wenn sich dieser durch ein eröffnetes Testament und seine Annahmeerklärung legitimiert. Die Bank kann in diesem Fall nicht auf die Vorlage eines Testamentsvollstreckerzeugnisses bestehen.

c) Umfang des Auskunftsanspruches

Der Auskunftsanspruch des Testamentsvollstreckers gegenüber der Bank ist so weit reichend, wie er zur Erfüllung seiner gesetzlichen Aufgaben notwendig ist.

Daraus ergibt sich, dass der Vollstrecker im Ergebnis ebenso weit reichende Auskunftsrechte gegenüber der Bank hat wie der Erbe selbst. Eine Beschränkung lediglich auf Saldenlisten[189] ist daher abzulehnen. Denn es gehört beispielsweise zu den Aufgaben des Testamentsvollstreckers, bei der Auseinandersetzung ausgleichungspflichtige Vorempfänge zu berücksichtigen. Soweit diese im Zusammenhang mit dem Bankvermögen erfolgt sind, kann er sich hiervon nur Kenntnis verschaffen, wenn ihm nicht nur Saldenlisten sondern alle Informationen zu diesen Transaktionen einschließlich der Kontoauszüge und die Namen der Zuwendungsempfänger zur Verfügung stehen.[190]

d) Paralleler Auskunftsanspruch des Erben?

Der Testamentsvollstrecker übt die Verwaltung des Nachlasses gemäß § 2205 BGB unter Ausschluss des Erben aus.

Der Erbe hat gegen den Vollstrecker einen Auskunftsanspruch gemäß §§ 2218, 666 BGB. Fraglich ist, ob der Erbe berechtigt ist, die Auskünfte des Testamentsvollstreckers zu überprüfen, und unmittelbar von der Bank Auskünfte verlangen kann.

In der Literatur wird ein solcher Anspruch zum Teil befürwortet.[191] Ein solcher Anspruch des Erben unmittelbar gegenüber der Bank ist aber abzulehnen.[192]

---

189 So *Ott-Eulberg* in Ott-Eulberg/Schebesta/Bartsch, Erbrecht und Banken, Angelbachtal 2000, S. 237.

190 *Bonefeld* in Mayer/Bonefeld/Wälzholz/Weidlich, Testamentsvollstreckung, 2. Aufl., Angelbachtal 2005, Rn. 725.

191 *Bonefeld*, ZErb 2007, 142 ff.

192 So auch *Sichtermann/Feuerborn/Kirchherr/Terdenge*, Bankgeheimnis und Bankauskunft, 3. Aufl., Frankfurt/M. 1984, S. 177.

Der Erblasser will mit der Anordnung der Testamentsvollstreckung die Durchführung seiner letztwilligen Verfügungen in die Hände eben dieser von ihm bestimmten Person legen, ohne dass die Erben sich in die Abwicklung des Nachlasses einmischen sollen. Die Ernennung des Vollstreckers soll gerade sicherstellen, dass querulatorische Erben von der Abwicklung des Nachlasses fern gehalten werden. Solche Querulanten sind aber eben Personen, die dem Vollstrecker misstrauen, ohne hierfür objektive Anhaltspunkte zu haben.

Liegen Pflichtverletzungen vor, bleibt es dem Erben unbenommen, neben Auskunfts- auch Schadensersatzansprüche gegenüber dem Testamentsvollstrecker geltend zu machen.

Aus Sicht der Bank ist der Testamentsvollstrecker ihr einziger Ansprechpartner. Andernfalls müsste sie Auskünfte doppelt erteilen, wofür kein Bedürfnis besteht, da der Erbe sich gemäß § 2218 BGB an den Vollstrecker wenden kann.

Unabhängig von der Frage, dass die Bank keine Pflicht betrifft, dem Erben unmittelbar Auskunft zu erteilen, ist ihre Berechtigung zu beurteilen, dies freiwillig zu tun:

Der Erbe könnte von Testamentsvollstrecker Auskunft verlangen. Wenn er diese von der Bank direkt erhält, kann also ein Schaden nicht entstehen.[193] Aus dem gleichen Grund kann der Anspruch auch vom Testamentsvollstrecker dem Erben abgetreten werden.[194]

Fazit:

Ein paralleler Anspruch des Erben neben dem Testamentsvollstrecker auf Auskunftserteilung unmittelbar gegenüber der Bank ist abzulehnen. Hat der Erblasser Testamentsvollstreckung angeordnet, wollte er damit zum Ausdruck bringen, dass sich der Testamentsvollstrecker und nur der von ihm benannte Vollstrecker sich um die Auseinandersetzung kümmern soll. Demgegenüber ist der Erbe ausreichend geschützt mit seinem Auskunftsanspruch gegenüber dem Vollstrecker.

193 *Ott-Eulberg* in Ott-Eulberg/Schebesta/Bartsch, Erbrecht und Banken, Angelbachtal 2000, S. 339.
194 Vgl. insoweit unten die Ausführungen zum analogen Problem der Abtretung des Auskunftsanspruches des Erben gegenüber der Bank an den Pflichtteilsberechtigten.

Für die Bank ist der Testamentsvollstrecker der einzige Ansprechpartner. Erteilt sie dem Erben dennoch freiwillig Auskünfte, macht sie sich deswegen nicht schadensersatzpflichtig.

5. Nachlasspfleger

RA/FAfErbR Markus Maibach

a) Beschreibung

aa) Nachlasspfleger

Mit dem Tode einer Person geht deren Vermögen als Ganzes auf eine oder mehrere Personen über (§ 1922 Abs. 1 BGB). Die Sorge um den Nachlass, dessen Sicherung und Verwaltung ist ab diesem Zeitpunkt daher die Aufgabe des Erben.

Es bedarf jedoch einer Regelung für diejenigen Fälle, bei denen ein Bedürfnis besteht, etwa, wenn der Erbe unbekannt oder wenn ungewiss ist, ob er die Erbschaft angenommen hat. Hier bestimmt § 1960 Abs. 1 BGB, dass für die Sicherung des Nachlasses das Nachlassgericht zu sorgen hat.

Insbesondere kann gemäß § 1960 Abs. 2 BGB für den Erben ein Nachlasspfleger bestellt werden. Für die Nachlasspflegschaft tritt an die Stelle des Vormundschaftsgerichts das Nachlassgericht, § 1962 BGB. Unerheblich ist, ob nur eine oder mehrere Personen zu Miterben berufen sind.

Zu prüfen ist jeweils, für welchen Miterbenanteil ein Bedürfnis für die Sicherungsmaßnahme besteht. Zulässig ist deshalb auch eine sog. Teilnachlasspflegschaft.[195] Allein die Ungewissheit über die Erbschaftsannahme oder unbekannte Erben führen noch nicht zur Sicherungsmaßnahme der Nachlasspflegschaft.

Weiterhin ist ein Fürsorgebedürfnis erforderlich. Hieran fehlt es z. B. dann, wenn Dritte den Nachlass ordnungsgemäß verwalten.

Eine besondere Form der Nachlasspflegschaft ist in § 1961 BGB geregelt. Auf entsprechenden Antrag hat das Nachlassgericht einen Nach-

---

195 *Damrau/Boecken*, § 1960 Rn. 2.

lasspfleger zu bestellen, wenn die Bestellung zum Zweck der gerichtlichen Geltendmachung eines Anspruchs gegen den Nachlass erforderlich ist (sog. Prozesspflegschaft). Wird der Prozesspfleger nur auf Antrag bestellt, muss das Nachlassgericht im Falle des Vorliegens der tatbestandlichen Voraussetzungen des § 1960 BGB von Amts wegen tätig werden.

Der Nachlasspfleger wird gesetzlicher Vertreter des Erben.[196] Er hat in dieser Eigenschaft sowohl die aktive als auch die passive Prozessführungsbefugnis. Die Handlungen des Nachlasspflegers wirken für und gegen den Erben. Insbesondere hat er die Verfügungsbefugnis über Nachlassgegenstände.[197]

Der umfangreiche Tätigkeitsbereich des Nachlasspflegers folgt maßgeblich aus dem Zweck der jeweils angeordneten Pflegschaft. Der Wirkungskreis wird vom Nachlassgericht nach den Bedürfnissen des jeweiligen Falles ausgerichtet.[198] Je nachdem kann der Aufgabenbereich weit gezogen, aber auch nur auf die Besorgung bestimmter einzelner Angelegenheiten beschränkt sein.[199] Die wichtigsten Aufgaben und Pflichten, die bei einer Nachlasspflegschaft anfallen können, sind nachfolgend benannt:

- Errichtung eines Nachlassverzeichnisses und Einreichung beim Nachlassgericht,
- Sicherung, Verwaltung und Erhaltung des Nachlasses,
- Inbesitznahme des Nachlasses,
- Herausgabeverlangen gegenüber Dritten, die Nachlassgegenstände in Besitz haben,
- Erbenermittlung,
- Berichtigung von Steuerschulden,
- Gläubigeraufgebot beantragen (§ 991 ZPO),
- Nachlassinsolvenzverfahren beantragen (§ 317 InsO),
- Auskunftserteilung gegenüber Nachlassgläubigern über Nachlassbestand (§ 2012 Abs. 1 Satz 2 BGB).

Bei seiner Tätigkeit untersteht der Nachlasspfleger der Aufsicht des Nachlassgerichts. Es überwacht, ob der Nachlasspfleger die gesetzlichen Anforderungen erfüllt und Anordnungen des Gerichts beachtet.

Gebote und Verbote, die das Nachlassgericht während der Tätigkeit des Nachlasspflegers erlässt, sind von ihm zu befolgen. Die Aufhebung der

---

196 BGH NJW 1983, 266.
197 *Damrau/Boecken*, § 1960 Rn. 55.
198 *Palandt/Edenhofer*, § 1960 Rn. 17.
199 *Palandt*, a. a. O.

Nachlasspflegschaft erfolgt durch Beschluss des Nachlassgerichts. Sie wird wirksam mit Zugang des Beschlusses beim Nachlasspfleger.

bb) Nachlassverwalter

Die Nachlassverwaltung ist eine spezielle Form der Nachlasspflegschaft. Die Legaldefinition findet sich in § 1975 BGB. Hiernach ist die Nachlassverwaltung eine Nachlasspflegschaft zum Zwecke der Befriedigung der Nachlassgläubiger. Dieser besondere Zweck unterscheidet die Nachlassverwaltung maßgeblich von der Nachlasspflegschaft.

Mit der Anordnung der Nachlassverwaltung verliert der Erbe die Befugnis, den Nachlass zu verwalten und über Gegenstände des Nachlasses zu verfügen (§ 1984 Abs. 1 Satz 1 BGB). Diese Befugnis geht auf den Nachlassverwalter über (§ 1985 BGB). Der Nachlassverwalter ist nicht wie der Nachlasspfleger gesetzlicher Vertreter des Erben. Er handelt als amtlich bestelltes Organ zur Verwaltung einer fremden Vermögensmasse.[200]

Voraussetzung für die Anordnung der Nachlassverwaltung ist ein entsprechender Antrag (vgl. § 1981 BGB). Im Gegensatz zur Nachlasspflegschaft erfolgt die Anordnung also nicht von Amts wegen.

Die Nachlassverwaltung endet durch Aufhebungsbeschluss des Nachlassgerichts oder Eröffnung des Nachlassinsolvenzverfahrens. Die Nachlassverwaltung dient vornehmlich dem Interesse des Erben. Er kann hierdurch seine Haftung auf den Nachlass beschränken. Die Gläubiger können die Forderungen nur noch gegen den Nachlassverwalter und die nunmehr abgesonderte Vermögensmasse des Nachlasses geltend machen. Die Absonderung des Nachlasses dient dazu, den Nachlassgläubigern diese Vermögensmasse ungeschmälert zu erhalten.

Im Hinblick auf die Aufgaben des Nachlassverwalters kann grundsätzlich ein Bezug auf die Ausführungen bei der Nachlasspflegschaft erfolgen. Der entscheidende Unterschied liegt in dem speziellen Zweck der Nachlassverwaltung.

Primäre Aufgabe ist deshalb die Befriedigung der gesamten Nachlassgläubiger. Einzelne Gläubiger darf der Nachlassverwalter nur dann befriedigen, wenn er davon ausgehen darf, dass der Nachlass ausreicht, um alle Gläubiger zu befriedigen. Er muss deshalb den gesamten Nachlassbestand ermitteln.

---

200 *Eulberg/Ott-Eulberg*, Die Nachlasspflegschaft, S. 81.

Der Nachlassverwalter haftet den Nachlassgläubigern auf Schadensersatz, wenn er seine diesbezüglichen Pflichten schuldhaft verletzt und den Gläubigern hieraus ein Schaden entsteht.[201] Eine umfangreiche und sorgfältige Sichtung des Nachlassbestands liegt somit im eigenen Interesse des Nachlassverwalters. Um den (Wert-)Verlust einzelner Nachlassgegenstände zu vermeiden, ist deshalb unverzügliches Handeln geboten.[202]

b) Anspruchsgrundlage

Eine ausdrückliche gesetzliche Norm, die den Auskunftsanspruch des Nachlasspflegers gegenüber der Bank begründen würde, existiert nicht. Auch hier kollidiert das berechtigte Interesse des Nachlasspflegers an einer Auskunft über das bei der Bank verwaltete Vermögen des Erblassers mit dem Bankgeheimnis.

Für eine ordnungsgemäße Erfüllung seiner Aufgaben ist es für den Nachlasspfleger jedoch unabdingbar, dass er gegenüber den Banken einen umfassenden Auskunftsanspruch hat. So kann er den Nachlass gemäß § 1985 Abs. 1 BGB nur verwalten und die Verbindlichkeiten aus dem Nachlass berichtigen, wenn er zuvor umfassende Kenntnis über Art und Umfang des Nachlasses erlangt.

Außerdem hat der Nachlassverwalter unverzüglich die Eröffnung des Nachlassinsolvenzverfahrens zu beantragen, wenn er von der Zahlungsunfähigkeit oder der Überschuldung des Nachlasses Kenntnis erlangt. Verletzt er diese Pflicht, so ist er den Gläubigern für den daraus entstehenden Schaden verantwortlich (§§ 1985 Abs. 2 Satz 2 i. V. m. § 1980 Abs. 1 BGB).

Auch diesen Pflichten kann der Nachlassverwalter nur genügen, wenn er in der Lage ist, sich über die Zusammensetzung des Nachlasses umfangreiche Kenntnis zu verschaffen. Hierzu gehört insbesondere die Kenntnis über das bei Banken verwaltete Nachlassvermögen. Ohne ein Auskunftsrecht gegenüber der Bank wäre der Nachlassverwalter also nicht in der Lage, sein Amt auszuüben. Einen Anspruch wird man daher zumindest über § 242 BGB bejahen müssen.[203]

---

201 *Eulberg/Ott-Eulberg*, a. a. O., S. 84.
202 Vgl. *Eulberg/Ott-Eulberg*, a. a. O., S. 84.
203 Vgl. *Palandt/Heinrichs*, § 261 Rn. 8.

c) Umfang

Berücksichtigt man die vorstehenden Ausführungen zur Anspruchsgrundlage, so wird deutlich, dass nur ein umfassender Auskunftsanspruch hinsichtlich sämtlicher Informationen, über welche die Bank bezüglich des Erblassers und des für ihn verwalteten Nachlassvermögens verfügt, dem Amt und der Stellung des Nachlassverwalters/Nachlasspflegers gerecht wird. Der Nachlassverwalter/Nachlasspfleger kann sich daher insbesondere über sämtliche Konten des Erblassers, Wertpapierdepots, Schließfächer, Lastschriften, Daueraufträge, Vollmachten zu Gunsten Dritter und Verträge zu Gunsten Dritter informieren. Wenn es für die Zwecke der Nachlassverwaltung notwendig ist, wird man dem Verwalter auch ein Auskunftsrecht bezüglich Informationen einräumen müssen, welches sich auf die Zeit vor dem Tode des Erblassers bezieht.

d) Legitimation

Der Nachlasspfleger/Nachlassverwalter erhält vom Nachlassgericht eine Bestallungsurkunde. Mit dieser Urkunde kann er sich gegenüber der Bank legitimieren. Eine solche Bestallungsurkunde genießt jedoch keinen öffentlichen Glauben.

Wenn die Bank also sichergehen will, muss sie überprüfen, ob die Angaben in der Urkunde noch zutreffend sind. Zu diesem Zweck kommt in Betracht, Einsicht in die Nachlassakte zu nehmen. Hierzu ist ein berechtigtes Interesse (§ 34 FGG) glaubhaft zu machen. Selbiges resultiert auf Seiten der Bank aus der Gefahr, bei Leistung an einen Nichtberechtigten oder nicht mehr Berechtigten gegenüber den Erben schadensersatzpflichtig zu werden.

6. Nachlassinsolvenzverwalter

RA/FAfErbr/FAfSteuR Franz Linnartz

a) Grundsätzliches zur Nachlassinsolvenz

aa) Insolvenzverfahren

Das Auskunftsrecht des Insolvenzverwalters in erbrechtlichen Angelegenheiten kann sich daraus ergeben, dass in Bezug auf den Nachlass das Nachlassinsolvenzverfahren eingeleitet wurde.

Bei der Nachlassinsolvenz handelt es sich um ein Mittel der Haftungsbeschränkung des Erben. Die Eröffnung des Nachlassinsolvenzverfahrens führte zu einer Nachlasssonderung.[204] Durch die Nachlassinsolvenz kann der Erbe die durch die Universalsukzession bereits eingetretene unbeschränkte Haftung für alle Verbindlichkeiten des Erblassers (§ 1967 BGB) aufheben und auf den Nachlass beschränken (§ 1975 BGB).

Bei dem Nachlassinsolvenzverfahren handelt es sich um ein echtes Sonderinsolvenzverfahren: Es erfasst nur einen Teil des Gesamtvermögens einer Person (§ 11 Abs. 2 Nr. 2, S. 1, 1. Alt. InsO). Gegenstand der Nachlassinsolvenz ist aber immer der gesamte Nachlass. Ein Erbteil ist nicht insolvenzfähig (§ 316 Abs. 3 InsO). Es findet somit bei einer Erbenmehrheit ein einheitliches Insolvenzverfahren über ein Gesamthandsvermögen statt. Dies gilt, obwohl der Miterbenanteil nach § 859 Abs. 2 ZPO einer gesonderten Zwangsvollstreckung zugänglich ist.

Mit der Trennung von Nachlass einerseits und dem Vermögen des Erben andererseits kommt es zu einem Schutz der Gläubiger des Erben vor dem Zugriff der Nachlassgläubiger. Die Interessen der Nachlassgläubiger werden ebenfalls gewahrt: Dem Erben wird die Verwaltungs- und Verfügungsbefugnis über den Nachlass entzogen. Dieser steht dann ausschließlich den Nachlassgläubigern als Haftungssubjekt zur Verfügung.

Das Nachlassinsolvenzverfahren ist geregelt in den §§ 315 bis 331 InsO. Soweit sich hier keine Sondervorschriften finden, gelten die Bestimmungen des Regelinsolvenzverfahrens entsprechend. Ergänzt werden die Regeln der Insolvenzordnung durch die das Nachlassinsolvenzverfahren betreffenden Vorschriften:

---

204 *Döbereiner* in Gottwald, 3. Aufl., § 110 Rn. 4.

§ 1975 BGB	Nachlassverwaltung; Nachlassinsolvenz.
§ 1976 BGB	Wirkung auf durch Vereinigung erloschene Rechtsverhältnisse.
§ 1977 BGB	Wirkung auf eine Aufrechnung.
§ 1978 BGB	Verantwortlichkeit des Erben für bisherige Verwaltung, Aufwendungsersatz.
§ 1979 BGB	Berichtigung von Nachlassverbindlichkeiten.
§ 1980 BGB	Antrag auf Eröffnung des Nachlassinsolvenzverfahrens.
§ 1988 BGB	Ende und Aufhebung der Nachlassverwaltung.
§ 1992 BGB	Überschuldung durch Vermächtnisse und Auflagen.
§ 2000 BGB	Unwirksamkeit der Fristbestimmung.
§ 2013 BGB	Folgen der unbeschränkten Haftung des Erben.
§ 2060 Nr. 3 BGB	Haftung nach der Teilung.

bb) Nachlassinsolvenzverwalter

Insolvenzverwalter kann nur eine natürliche Person sein (§ 56 Abs. 1 S. 1 InsO). Der Grund dafür, dass nur eine natürliche Person Insolvenzverwalter sein kann, ergibt sich daraus, dass die natürliche Person dem besonderen Verantwortungsbewusstsein des Verwalters Rechnung trägt.[205] Bei juristischen Personen wird die Gefahr gesehen, dass über die Gesellschafter Einfluss auf die Abwicklung der Nachlassinsolvenz genommen wird. Es kann nicht ausgeschlossen werden, dass Verfahrensbeteiligte auch Gesellschafter des Insolvenzverwalters sind.[206]

Der Insolvenzverwalter übt sein Amt höchstpersönlich aus.[207] Das heißt, der Insolvenzverwalter ist nicht berechtigt, die Verfahrensabwicklung dritten Personen zu übertragen.[208]

Dieser Höchstpersönlichkeit des Amtes steht jedoch nicht entgegen, dass der Insolvenzverwalter bestimmte Abwicklungsaufgaben an eigene Mitarbeiter oder Dritte delegiert.

Der Insolvenzverwalter hat sein Amt zwar höchstpersönlich wahrzunehmen und kann bestimmte Aufgaben delegieren, fraglich ist dabei jedoch, inwieweit er Personen als Vertreter für eine einzelne Angelegenheit bestellen darf. Davon ist im Falle einer ordnungsgemäßen Bevollmächtigung durch den Insolvenzverwalter auszugehen. Er kann daher

205 *Smid*, Grundzüge, § 9 Rn. 13.
206 MünchKomm-InsO/*Graeber*, § 56 Rn. 15.
207 *Graeber*, NZI 2003, 569 ff.
208 *Graeber*, NZI 2003, 569 ff.

beispielsweise einen Rechtsanwalt mit der Wahrnehmung seiner Aufgaben betrauen, der einzelne Ansprüche gegen Dritte, beispielsweise auch gegen die Bank, durchzusetzen hat.

Unzulässig ist daher die Erteilung einer Generalvollmacht.[209] Unzulässig wäre so auch weiter die Bevollmächtigung eines Rechtsanwalts, die diesen berechtigt, den Insolvenzverwalter „in allen anhängigen oder noch anhängig werdenden Insolvenzverfahren“ zu vertreten.[210]

cc) Stellung des Insolvenzverwalters

Der Insolvenzverwalter ist nach herrschender Meinung Inhaber eines privaten Amtes.[211] Kraft dieses Amtes übt er die Verwaltungs- und Verfügungsbefugnis über die Masse im eigenen Namen aus. Er ist somit weder Vertreter von Schuldnern noch von Gläubigern. Er ist auch kein Organ einer (Nachlass-)Insolvenzmasse. Diese Rechtsstellung des Nachlassinsolvenzverwalters schließt aber nicht aus, dass einzelne Vorschriften des Vertretungsrechts entsprechend anzuwenden sind.[212] Dies gilt beispielsweise für die §§ 177 ff. und insbesondere § 181 BGB.[213]

Mit der Eröffnung des Insolvenzverfahrens erhält der Insolvenzverwalter die Verwaltungs- und Verfügungsbefugnis über das zur Nachlassinsolvenzmasse gehörende Vermögen. Der Nachlassinsolvenzverwalter hat daher insbesondere über die Abwicklung laufender Verträge zu entscheiden (§§ 103 ff. InsO).

dd) Wirkung der Eröffnung des Nachlassinsolvenzverfahrens

Durch die Eröffnung der Nachlassinsolvenz verliert der Erbe nicht seine Rechtsstellung als Vermögensträger. Es geht jedoch die Befugnis des Erben oder der Miterben, das zur Nachlassinsolvenzmasse gehörende Vermögen zu verwalten oder über dieses zu verfügen, auf den im Eröffnungsbeschluss des Amtsgerichts bestimmten Insolvenzverwalter über (§ 80 Abs. 1 InsO). Damit endet das Recht der Erben oder der Miterben, individuelle Ansprüche des Nachlasses geltend zu machen. Sie verlieren so auch das individuelle Auskunftsrecht[214] gegenüber der Bank, zu der der Erblasser in Geschäftsbeziehungen stand.

---

209 MünchKomm-InsO/*Gaeber*, § 56 Rn. 113.

210 Uhlenbruck/*Uhlenbruck*, § 56 Rn. 26; *Kessler*, ZNotP 2003, 327 ff.; *Schmittmann*/Theurich/Brune, Das insolvenzrechtliche Mandat, 2. Aufl., § 1 Rn. 35.

211 Palandt/*Heinrichs*, Einf. v. § 164 Rn. 9; BGHZ 13, 205; 51, 214.

212 Palandt/*Heinrichs*, Einf. v. § 164 Rn. 9.

213 Palandt/*Heinrichs*, § 181 Rn. 2.

214 Vgl. hierzu: BayOblG, Beschl. v. 8. 4. 2005 – 3 Z BR 246/04, BB 2005, 2, 1349 f.

So geht auf den Nachlassinsolvenzverwalter auch das Recht (Masserecht) über, auf den Namen der Erben einen Erbschein nach § 2354 BGB zu erwirken.[215]

Wurde in dem Nachlassinsolvenzverfahren vorläufige Insolvenzverwaltung nach § 22 Abs. 1 InsO angeordnet oder stand der Nachlass bereits unter Nachlassverwaltung, geht die Verwaltung und Verfügungsbefugnis bereits im Eröffnungsverfahren auf den Nachlassinsolvenzverwalter über.

b) Anspruchsgrundlagen

aa) Auskunftsanspruch gegen den Erben

Der Nachlassinsolvenzverwalter hat nach § 153 InsO eine Vermögensübersicht auf den Zeitpunkt der Verfahrenseröffnung aufzustellen (Insolvenzstatus). Dies geschieht auf der Basis des vom Erben nach § 260 BGB vorzulegenden Nachlassverzeichnisses.

Das Nachlassverzeichnis stellt ein Verzeichnis über den Bestand des Vermögens (Aktiva und Passiva) dar. Zu berücksichtigen sind daher insbesondere auch die Bankguthaben.

Das Aktivaverzeichnis hat daher zunächst alle Bankverbindungen des Erblassers aufzuweisen. Im Einzelnen sind dann die Forderungen und Verbindlichkeiten des Erblassers gegen die Bank näher zu bezeichnen. Zu erfassen sind somit insbesondere Guthaben: Girokonto, Sparguthaben, Tagesgeldkonten, Depotstände, Schließfachinhalt (Münzen, Goldbarren, sonstige Gegenstände und Dokumente).

Das Passivaverzeichnis erfasst die Schulden (Verbindlichkeiten) bei der Bank, beispielsweise Bankdarlehen und Kontokorrentschulden.

Bei den Auskunftsansprüchen ist zu differenzieren, ob man sich im Stadium der Eröffnung des Insolvenzverfahrens oder dem eröffneten Insolvenzverfahren befindet. Im Eröffnungsverfahren hat der Schuldner zunächst dem Insolvenzgericht die Auskünfte zu erteilen, die zur Entscheidung über den Antrag erforderlich sind (§ 20 Abs. 1 S. 1 InsO).

Insoweit wird auch auf die im eröffneten Insolvenzverfahren zu berücksichtigenden Normen, insbesondere § 97 InsO – Auskunfts- und Mitwirkungspflicht des Schuldners Parenthese – verwiesen.

---

215 *Firsching/Graf*, Nachlassrecht, Rn. 4.158; MünchKomm/*J. Mayer*, § 2353 Rn. 89.

Der vorläufige Insolvenzverwalter leitet seine Auskunftsansprüche gegen den Erben aus § 22 InsO ab. Danach hat der Schuldner, somit der Erbe, dem vorläufigen Insolvenzverwalter alle erforderlichen Auskünfte zu erteilen (§ 22 Abs. 3 S. 3 InsO). Auch hier verweist § 22 auf die Auskunfts- und Mitwirkungspflichten des Schuldners nach § 97 InsO.

bb) Auskunftsanspruch gegen die Bank

Bevor die Bank einem Auskunftsanspruch nachkommt, ist sie immer mit der Frage konfrontiert, inwieweit sie das Bankgeheimnis verletzt. Vor diesem Hintergrund halten die Banken insbesondere dem vorläufigen Insolvenzverwalter in der Regel das Bankgeheimnis als Grund für ihre Auskunftsverweigerung entgegen, wenn dieser sich nach den Bankguthaben, Sicherheiten oder Geldeingängen beziehungsweise Auszahlungen vor oder nach dem Insolvenzantrag erkundigt.

Bezüglich des Bankgeheimnisses gibt es jedoch keine ausdrückliche Regelung.[216] Die Bank beruft sich auf das Bankgeheimnis unter Verweis auf Art. 12 Abs. 1 GG.[217] Auf Seiten des Bankkunden wird das Bankgeheimnis abgeleitet entweder aus dem „allgemeinen Persönlichkeitsrecht", welches unter dem Schutz des Art. 1 und 2 GG oder dem Recht zur freien Entfaltung der Persönlichkeit nach Art. 2 Abs. 1 GG steht.[218]

Hieraus ist im Bezug auf den schwachen vorläufigen Insolvenzverwalter Folgendes abzuleiten: Die Bank kann sich insoweit dem Nachlassinsolvenzverwalter gegenüber auf das Bankgeheimnis berufen. Seine Rechte ergeben sich aus § 22 InsO. § 22 Abs. 3 InsO gewährt dem Insolvenzverwalter Rechte gegenüber dem Schuldner. Die hieraus resultierenden Befugnisse tangieren jedoch nicht die vertraglichen Beziehungen zwischen dem Erben und der Bank. Wird die Bank daher nicht durch den Schuldner (Erbe) von ihrer Geheimhaltungspflicht befreit, obliegt ihr die Beachtung ihrer vertraglichen Pflichten. Dazu gehört auch die Beachtung des Bankgeheimnisses.[219]

Es ist jedoch zu sehen, dass das Gericht dem vorläufigen schwachen Insolvenzverwalter Pflichten unter Berücksichtigung des § 22 Abs. 1 S. 2 InsO auferlegen kann (§ 22 Abs. 2 S. 1 InsO). Das Gericht kann somit dem schwachen Insolvenzverwalter die Befugnis übertragen, Auskünfte über den „Schuldner" (Erbe) bei den Banken einzuholen.[220] Im Falle der

216 *Canaris*, Bankvertragsrecht, 3. Aufl. 1998, Rn. 36 ff.
217 *Canaris*, a. a. O., Rn. 38.
218 *Canaris*, a. a. O., Rn. 37.
219 Vgl. hierzu Wimmer/*Bruder*, Handbuch des Fachanwalts Insolvenzrecht, 2. Aufl. 2005, S. 112 Rn. 162.
220 Wimmer/*Bruder*, a. a. O., 2. Aufl. 2005, S. 112 Rn. 162.

Übertragung des Auskunftsrechts durch das Amtsgericht auf den vorläufigen Nachlassinsolvenzverwalter kann diesem das Bankgeheimnis seitens der Bank nicht entgegengehalten werden.

Der Beschluss des Gerichts, der dem schwachen vorläufigen Nachlassinsolvenzverwalter das Auskunftsrecht überträgt, könnte wie folgt lauten:

„Der vorläufige Nachlassinsolvenzverwalter wird hiermit ermächtigt, Auskünfte über das Vermögen des Erblassers bei allen Banken, mit denen der Erblasser in Geschäftsverbindung stand, einzuholen (§§ 5 Abs. 1, 21 Abs. 1 InsO).“

Der vorläufige Nachlassinsolvenzverwalter sollte daher höchstvorsorglich, um eine Auseinandersetzung mit den Banken über den Umfang des Bankgeheimnisses zu vermeiden,

- das Gericht veranlassen, ihm durch Beschluss das Auskunftsrecht unmittelbar zuzuweisen, oder
- den Schuldner (Erbe) nach Antragstellung auffordern, die Banken gegenüber dem Gericht und dem vorläufigen Insolvenzverwalter von der Beachtung des Bankgeheimnisses zu entbinden.

Hierdurch wird für alle Beteiligten, insbesondere auch die Bank, Rechtsklarheit geschaffen. Langwierige Überzeugungsarbeit und ein Einwirken auf die Erben wird entbehrlich.

Dem starken vorläufigen Insolvenzverwalter kann die Bank das Bankgeheimnis nicht entgegenhalten. Hat das Gericht einen solchen starken vorläufigen Insolvenzverwalter bestellt, das heißt, dem Erben ein allgemeines Verfügungsverbot auferlegt (§ 22 Abs. 1 InsO), geht die Verwaltungs- und die Verfügungsbefugnis über das Vermögen des Erblassers auf den vorläufigen starken Insolvenzverwalter über.

Der Erbe kann die Rechtsüberleitung nicht verhindern. Eine Berufung auf sein Recht zur freien Entfaltung seiner Persönlichkeit (Art. 2 Abs. 1 GG) ist nicht möglich. Es handelt sich bei der Anordnung des Allgemeinverfügungsgebots um eine staatliche Maßnahme. Diese findet ihre gesetzliche Grundlage in § 23 Abs. 1 S. 1 InsO.

Nach Eröffnung des Nachlassinsolvenzverfahrens steht dem im Beschluss des Gerichts benannten Nachlassinsolvenzverwalter die Befugnis zu, das zur Nachlassinsolvenzmasse gehörende Vermögen zu verwalten oder über dieses zu verfügen (§ 80 Abs. 1 InsO). Mit der Eröffnung der Nachlassinsolvenzverwaltung enden die Rechte der Erben oder der Miterben, individuelle Ansprüche des Nachlasses geltend zu machen. Sie verlieren so auch das individuelle Auskunftsrecht[221] gegenüber der Bank, zu der der Erblasser in Geschäftsbeziehungen stand.

c) Auskunftsumfang

Die Rechtsgrundlage für die Geltendmachung des Auskunftsanspruchs ergibt sich aus dem §§ 666, 675 BGB. Der Auskunftsanspruch nach diesen Normen – vorbehaltlich einer individualvertraglichen Regelung – stand zunächst dem Erblasser zu. Auf Grund des Erbfalls gingen die Rechte vollumfänglich auf den Erben über (§ 1922 BGB – Gesamtrechtsnachfolge).

Mit der Eröffnung des Nachlassinsolvenzverfahrens gehen die Rechte der Erben als Schuldner auf den Nachlassinsolvenzverwalter über.

Die Ansprüche gegen die Bank beziehen sich auf alle Geschäftsbeziehungen zwischen dem Erblasser und der Bank, die der Nachlassinsolvenzverwalter benötigt, um seine Interessen durchzusetzen: Beispielsweise Kontenbestand im Zeitpunkt des Erbfalls (auch Gemeinschaftskonten), Wertpapierdepots (auch Gemeinschaftsdepots), Daueraufträge, Lastschriftaufträge, Kontovollmacht, Verträge zu Gunsten Dritter (auch auf den Todesfall), Vorhandensein eines Schließfachs.

Grenzen findet der Auskunftsanspruch grundsätzlich in § 242 BGB. Unter dem Gesichtspunkt der Erforderlichkeit und Zumutbarkeit für die Bank können hieraus Einwände abgeleitet werden.[222]

d) Legitimation

Die Legitimation des Nachlassinsolvenzverwalters ergibt sich aus dem Eröffnungsbeschluss des Insolvenzgerichts (§ 27 InsO). Bei dem Insolvenzgericht handelt es sich um das Amtsgericht (§ 2 InsO). Bis zur Eröffnung des Insolvenzverfahrens ist der Richter zuständig. Ab der Eröffnung des Insolvenzverfahrens handelt der Rechtspfleger (§ 18 RpflG).

---

221 Vgl. hierzu: BayObIG, Beschl. v. 8. 4. 2005 – 3 Z BR 246/04, BB 2005, 2, 1349 f.

222 Zur Begrenzung der Auskunftspflicht/Verwirkung des Auskunftsrechts: OLG Koblenz v. 17. 10. 2002 – 5 U 1735/01.

Der Nachlassinsolvenzverwalter legitimiert sich somit durch den Eröffnungsbeschluss des örtlich[223] zuständigen Amtsgerichts (§ 3 Abs. 1 InsO). Der Eröffnungsbeschluss hat dabei den Namen und die Anschrift des Insolvenzverwalters auszuweisen (§ 27 Abs. 2 Nr. 2 InsO).

In zeitlicher Hinsicht wirkt der Eröffnungsbeschluss mit der Uhrzeit, die in ihm aufgenommen wurde. Ist die Stunde der Insolvenzeröffnung nicht angegeben, so gilt als Zeitpunkt der Eröffnung der Nachlassinsolvenz 12:00 Uhr des Tages, an dem der Beschluss erlassen worden ist (§ 27 Abs. 3 InsO).

7. Pflichtteilsberechtigter

RA/FAfErbR/Abogado(Spanien)Niels Becker

a) Allgemeines

Der Erbe tritt als Rechtsnachfolger des Erblassers in die Geschäftsverbindung mit der Bank ein. Daher gebührt ihm das Auskunftsrecht gemäß §§ 675, 666 BGB.[224] Da der Pflichtteilsberechtigte nach dem deutschen Recht[225] nicht Erbe ist, scheidet ein Auskunftsanspruch gegenüber der Bank aus eigenem Recht aus.[226] Der Pflichtteilsberechtigte hat gemäß § 2303 Abs. 1 S. 2 BGB lediglich einen schuldrechtlichen Anspruch gegen die Erben auf Auszahlung seines Pflichtteils.

Eine unmittelbare Rechtsbeziehung zur Bank des Erblassers besteht nicht. Die Bank ist weder verpflichtet noch berechtigt, dem Pflichtteilsberechtigten Auskunft zu erteilen.[227]

Dem Pflichtteilsberechtigten bleibt also nur der Auskunftsanspruch gegenüber dem Erben gemäß § 2314 Abs. 1 BGB. Mittelbar berührt dieser Anspruch jedoch auch die Bank. Zum einen ist der Erbe verpflichtet, sich

---

223 § 3 Abs. 1 InsO.

224 OLG Frankfurt/M., Beschl. v. 7. 5. 1965 – 15 W 40/65, MDR 1966, 503.

225 Anders kann dies in ausländischen Rechtsordnungen geregelt sein, wo die Pflichtteilsberechtigten als so genannte Noterben Miterben werden, vgl. hierzu *Becker*, ZFE 2006, 457; Überblick zu einzelnen Ländern bei *Kerscher/Riedel/Lenz*, Pflichtteilsrecht, 3. Aufl., Bonn 2002, § 18 Rn. 23 ff.

226 BGH, Urt. v. 28. 2. 1989 – XI ZR 91/88, BB 1989, 734.

227 *Sarres*, Erbrechtliche Auskunftsansprüche, München 2004, Rn. 292; *Schebesta*, Bankprobleme beim Tod eines Kunden, 11. Aufl., Wiesbaden 1998, Rn. 237.

auch bei eigenem Desinteresse bei der Bank kundig zu machen, um sich die für eine umfängliche Auskunftserteilung notwendigen Kenntnisse zu verschaffen.[228] Zum anderen kommt auch eine Geltendmachung der Auskunft durch den Pflichtteilsberechtigten aus fremdem Recht in Betracht.

b) Abtretung des Auskunftsanspruches

Zwar kann der Pflichtteilsberechtigte aus eigenem Recht keine Auskünfte von der Bank verlangen. Der Auskunftsanspruch des Erben kann ihm jedoch abgetreten werden und dann gegenüber der Bank unmittelbar geltend gemacht werden. Dies gilt nach überzeugender und heute fast einhelliger Meinung trotz grundsätzlicher dogmatischer Bedenken. Denn der Auskunftsanspruch gegenüber der Bank ist grundsätzlich ein Nebenanspruch aus dem Kontokorrentverhältnis. Nebenansprüche können grundsätzlich nicht isoliert, d. h., ohne den Hauptanspruch abgetreten werden.[229] Dieses Dogma wird jedoch in besonderen Einzelfällen durchbrochen.[230]

Auch für den hier interessierenden Fall lässt die Rechtsprechung aus pragmatischen Gründen eine Ausnahme zu:[231] Der Auskunftsanspruch dient der Vorbereitung und Berechnung des Pflichtteilsanspruches. Durch die Abtretung wird im Interesse einer Vereinfachung der Rechtsverfolgung lediglich der Umweg über einen vermittelnden Dritten, den Inhaber des Anspruches (Erbe), vermieden und demjenigen, an den im Ergebnis die Auskunft zu leisten ist, die Gläubigerstellung verschafft. Die Literatur hat sich fast einhellig dieser Auffassung angeschlossen.[232]

Der Erbe kann sich allerdings nicht von seiner Auskunftspflicht freizeichnen, indem er dem Pflichtteilsberechtigten die Abtretung als Ersatz für seine Auskunftspflicht aufzwingt.[233] Dies würde die gesetzliche Regelung auf den Kopf stellen, und in vielen Fällen dürfte sich der Pflichtteilsberechtigte auch mit dem abgetretenen Auskunftsanspruch ohne wei-

---

228 BGH, Urt. v. 28. 2. 1989 – XI ZR 91/88, NJW 1998, 1601, BB 1989, 734.

229 MüKo-*Seiler*, § 666 Rn. 17 m. w. N.

230 Vgl. bereits RG, Urt. v. 27. 1. 1936 – IV 246/35, RGZ 150, 129, 133.

231 BGH-XI ZR 91/88, BB 1989, 734; weitergehend BGH, Urt. v. 8. 11. 2005 – XI ZR 90/05, NJW 2006, 217 f., wo der Anspruch auf Erteilung von Kontoauszügen und Rechnungsabschlüssen gegenüber der Bank als selbstständiger Anspruch aus dem Girovertrag behandelt wird, der unabhängig vom Hauptanspruch zu behandeln ist.

232 MüKo-*Seiler*, § 666 RdNr 17; *Ott-Eulberg* in Ott-Eulberg/Schebesta/Bartsch, Erbrecht und Banken, Angelbachtal 2000, S. 337; *Sarres*, Erbrechtliche Auskunftsansprüche, München 2004, Rn. 292; a. A. *Parthe*, EWiR § 666 BGB 1/89, 563.

233 *Riedel/Lenz* in Damrau, Praxiskomm. BGB, § 2314 Rn. 35.

tere Informationen kein genaues Bild vom Bestand des Nachlasses machen können, weshalb ihm trotz der Abtretung sein originäres Auskunftsrecht erhalten bleiben muss.

Fazit:

Der Erbe kann seinen Anspruch auf Auskunft gegenüber der Bank dem Pflichtteilsberechtigten abtreten, soweit der Anspruch des Pflichtteilsberechtigten ihm gegenüber reicht.

Allerdings kann der Erbe dem Pflichtteilsberechtigten diese Abtretung nicht aufzwingen.

c) Umfang des Auskunftsanspruchs gegenüber dem Erben

Mit dem Auskunftsanspruch gemäß § 2314 Abs. 1 BGB soll dem Pflichtteilsberechtigten ermöglicht werden, seinen Anspruch zu realisieren, weswegen grundsätzlich auch die Berechnungsfaktoren offen zu legen sind.[234] Der Berechtigte hat Anspruch auf die Vorlage eines Bestandsverzeichnisses gemäß § 260 Abs. 1 BGB mit allen Aktiva und Passiva, also den realen Nachlassgegenständen und -werten sowie den Nachlassverbindlichkeiten.[235] Bei Bankkonten oder Wertpapierdepots sind die bis zum Todesfall entstandenen Zinsen bzw. Dividenden hinzuzurechnen.[236]

Darüber hinaus muss auch Auskunft erteilt werden über den so genannten fiktiven Nachlass, also beispielsweise die ausgleichungspflichtigen Zuwendungen des Erblassers[237] und Schenkungen,[238] die Pflichtteilsergänzungsansprüche auslösen können.[239]

Hier sind im Verhältnis zu Banken insbesondere Schenkungen auf den Todesfall, etwa von Sparbüchern, relevant. Zu unterstreichen ist dabei, dass grundsätzlich keine Auskunft geschuldet ist über Rechtsgeschäfte, die der Erblasser zu Lebzeiten getätigt hat, weil der Pflichtteil sich grundsätzlich nur nach dem im Eintritt des Erbfalls vorhandenen Nachlass

234 BGH, Urt. v. 2. 11. 1960 – V ZR 124/59, NJW 1961, 602, 603.
235 BGH, Urt. v. 2. 11. 1960 – V ZR 124/59, NJW 1961, 602, 603; *Bartsch*, ZEV 2004, 176, 177; *Mayer* in Bamberger/Roth, BGB-OK, § 2314 Rn. 9.
236 *Bartsch*, ZEV 2004, 176, 177.
237 BGH, Urt. v. 2. 11. 1960 – V ZR 124/59, NJW 1961, 602, 603.
238 OLG Brandenburg, Urt. v. 10. 2. 1997 – 10 W 5/96, FamRZ 1998, 179.
239 *Peschel-Gutzeit*, AnwBl. 2003, 483.

richtet.[240] Ausnahmen können gelten, wenn solche Rechtsgeschäfte für Pflichtteilsergänzungsansprüche relevant werden können.[241]

Umstritten ist, inwieweit der Erbe verpflichtet ist, die Positionen im Bestandsverzeichnis mit Belegen, wie beispielsweise Kontoauszügen, zu untermauern. In der Literatur wird vertreten, der Erbe sei zu einer solchen Belegvorlage nicht verpflichtet.[242] Hierbei wird insbesondere darauf verwiesen, dass lediglich ein Auskunfts- und nicht ein umfänglicher Rechnungslegungsanspruch geschuldet ist.[243] Nach einer anderen Ansicht sollen zumindest Geschäftsunterlagen wie Bilanzen vorgelegt werden.[244] Wieder andere wollen den Erben verpflichten, Belege wie Depotauszüge oder Saldenbestätigungen vorzulegen.[245]

Die Rechtsprechung lässt in der Praxis einzelne Ausnahmen zu, insbesondere, wenn es um die Vorlage von Bilanzen geht.[246] Die Vorlage von Unterlagen soll in diesen Fällen dem Auskunftsberechtigten ermöglichen, seinen Anspruch bei unklarem Wert einzelner Nachlassaktiva zu ermitteln[247] oder, falls ihm die erforderliche Sachkunde fehlt, entsprechend ein Gutachten in Auftrag geben zu können.[248]

Bei klaren Vermögenspositionen wie etwa einem Konto sind daher keine Belege, etwa über den Geschäftsverlauf oder Saldennachweise vorzulegen; denn es handelt sich um Nachlassgegenstände, deren Wert klar zu Tage liegt; hier gibt es nichts zu begutachten.[249] Hier sind nur die einzelnen Konten mit Saldo zu nennen. Bei Wertpapieren ist der Bestand des Depots aufzuschlüsseln.[250] Die Zusammenfassung von Nachlassaktiva unter einem Oberbegriff ist grundsätzlich nicht zulässig.[251] Nur wenn die einzelnen im Depot vorhandenen Papiere bekannt sind, kann anhand ihres Kurses der Nachlasswert bestimmt werden.

240 *Klingelhöffer*, AnwBl. 2003, 484, 485.
241 OLG Karlsruhe, Beschl. v. 20. 1. 2000 – 4 W 53/99, ZEV 2000, 280.
242 *Nieder*, ZErb 2004, 60, 61 ff.; *Sarres*, Erbrechtliche Auskunftsansprüche, München 2004, Rn. 96.
243 *Mayer* in Bamberger/Roth, BGB-OK, § 2314 Rn. 13.
244 *Palandt-Edenhofer*, BGB, § 2314 Rn. 9, *Kerscher/Riedel/Lenz*, Pflichtteilsrecht, 3. Aufl., Bonn 2002, § 11 Rn. 44 f.
245 *Bittler* in Handbuch Pflichtteilsrecht, S. 340.
246 BGH, Urt. v. 30. 10. 1974 – IV ZR 41/73, NJW 1975, 258; OLG Köln, Urt. 4. 3. 1998 – 13 U 152/97, ZEV 1999, 111 f.; OLG Düsseldorf, Urt. v. 17. 5. 1995 – 7 U 126/95, NJW-RR 1997, 454, 455; OLG Zweibrücken, Urt. v. 17. 9. 1986 – 2 U 58/81, FamRZ 1987, 1197, 1198.
247 BGH, Urt. v. 30. 10. 1974 – IV ZR 41/73, NJW 1975, 258.
248 OLG Köln, Urt. v. 4. 3. 1998 – 13 U 152/97, ZEV 1999, 111 f.
249 *Palandt-Edenhofer*, BGB, § 2311 Rn. 6.
250 *Peschel-Gutzeit*, AnwBl. 2003, 481; enger *Bartsch*, ZEV 2004, 176, 180, der eine Aufschlüsselung nach Art der Papiere in Aktien, Anleihen und Schuldverschreibungen für ausreichend hält.
251 *Kerscher/Riedel/Lenz*, Pflichtteilsrecht, 3. Aufl., Bonn 2002, § 11 Rn. 21 f.

Fazit:

Für die Bank bedeutet dies, dass, wenn der Pflichtteilsberechtigte aus abgetretenem Recht ihr unmittelbar gegenüber Auskunft verlangt, die Bank keine Recherchen zum Geschäftsverlauf anstellen muss und keine Kontoauszüge herauszugeben braucht.

Dem Pflichtteilsberechtigten steht insoweit kein weitergehender Anspruch zu als gegenüber dem Erben, auch, wenn der Erbe selbst einen weitergehenden Anspruch gegenüber der Bank auf Vorlage von Kontoauszügen hat.

Eine Ausnahme gilt, wenn Auskunft über pflichtteilsrelevante unentgeltliche Zuwendungen des Erblassers begehrt wird. Dabei muss der Auskunftsberechtigte zur Vermeidung einer unzulässigen Ausforschung Anhaltspunkte für solche unentgeltlichen Verfügungen darlegen.[252] Daraus folgt zum einen, dass die Bank von sich aus hierzu keine Ermittlungen anstellen muss. Denn es liegt nicht an ihr, den rechtlichen Charakter einzelner Verfügungen des Erblassers zu bewerten.

Wenn sie allerdings vom Vorliegen solcher Vorgänge Kenntnis hat, wie beispielsweise bei Schenkungen von Spareinlagen auf den Todesfall, muss sie hierüber auch ungefragt Auskunft erteilen.

Zum anderen muss sie eben bei entsprechend vorgetragenen Anhaltspunkten die Belege zum konkreten Vorgang heraussuchen, soweit sie diese dem Vorgang zuordnen kann.

Ein aus dem Bankgeheimnis folgendes Verweigerungsrecht der Auskünfte im Hinblick auf den Schutz der Person des Zuwendungsempfängers besteht nicht.[253] Der Empfänger solcher Zuwendungen wäre auch selbst zur Auskunft verpflichtet und muss von vorneherein damit rechnen, dass er auf Rückzahlung in Anspruch genommen wird. Ein schützenswertes Interesse, ihn als Empfänger der Zuwendung nicht aufzudecken, besteht daher nicht.[254]

---

252 BGH, Urt. v. 9. 11. 1983 – IVa ZR 151/82, NJW 1984, 487; OLG Düsseldorf, Urt. v. 28. 4. 1995 – 7 U 113/94, ZEV 1995, 410, 412 f.; MüKo-*Frank*, § 2314 Rn. 3; *Kerscher/Riedel/Lenz*, Pflichtteilsrecht, 3. Aufl., Bonn 2002, § 11 Rn. 30 f.; *Mayer* in Bamberger/Roth, BGB-OK, § 2314.

253 BGH, Urt. v. 28. 2. 1989 – XI ZR 91/88, BB 1989, 734.

254 *Canaris*, Bankvertragsrecht, 3. Aufl., Rn. 61 u. 217.

d) Verjährung

In diesem Zusammenhang ist zu beachten, dass der Auskunftsanspruch des Pflichtteilsberechtigten gegenüber dem Erben gemäß § 2314 Abs. 1 BGB regelmäßig der allgemeinen Verjährungsfrist unterliegt und nicht der besonderen Verjährungsvorschrift des § 2332 Abs. 1 BGB.[255] Allerdings kann der Auskunftsanspruch vom Pflichtteilsberechtigten nach Treu und Glaube dann nicht mehr erhoben werden, wenn ein Informationsbedürfnis objektiv nicht mehr besteht, weil der Pflichtteilsanspruch, dessen Vorbereitung der Auskunftsanspruch dient, bereits verjährt ist.[256]

Fraglich ist, ob die Bank gegenüber dem Pflichtteilsberechtigten, dem der Auskunftsanspruch vom Erben abgetreten worden ist, die Auskunft mit der Begründung verweigern kann, es bestehe im Hinblick auf die eingetretene Verjährung des Pflichtteilsanspruches selbst kein Informationsbedürfnis an der Auskunft mehr. Es ist durchaus denkbar, dass der an der Auskunftserteilung desinteressierte Erbe den Auskunftsanspruch zunächst abtritt, um so die lästige Verpflichtung gegenüber dem Pflichtteilsberechtigten „loszuwerden“.

Unabhängig kann bereits zuvor oder danach die Verjährung eintreten. Hierbei ist zu beachten, dass – solange der Erbe sich nicht auf die Verjährung des Pflichtteilsanspruches beruft – dieser natürlich weiterhin besteht, da die Verjährung nicht ipso iure, also automatisch eintritt.[257]

Soweit die Bank also keine Kenntnis davon hat, ob sich der Erbe auf Verjährung beruft, kommt eine Auskunftsverweigerung nicht in Betracht.

Hinweis:

Nichts hindert die Bank natürlich, beim Erben anzufragen, ob er sich auf die Verjährung nach § 2332 Abs. 1 BGB berufe.

Ist dies der Fall, braucht die Bank keine Auskünfte zu erteilen. Dies beruht schon darauf, dass die gesamte isolierte Abtretungskonstruktion des Auskunftsanspruches allein deswegen zugelassen wird, damit der Pflichtteilsberechtigte seinen Anspruch gegenüber dem Erben beziffern kann.

---

255 BGH, Urt. v. 3. 10. 1984 – IV a ZR 56/83, NJW 1985, 384, 385. Zur Neuregelung der Verjährung im Erbrecht vgl. RegE Gesetz zur Änderung des Erb- und Verjährungsrechts.

256 BGH, Urt. v. 3. 10. 1984 – IV a ZR 56/83, NJW 1985, 384, 385.

257 MüKo-*Grothe*, Vor § 194, Rn. 5.

Besteht der Anspruch nicht mehr, ist auch kein Raum für die isolierte Geltendmachung des Auskunftsanspruches. Ob die Voraussetzungen für den Verjährungseintritt vorliegen, müsste die Bank allerdings dann im Rechtsstreit darlegen und beweisen.

Formulierungsvorschlag zur Abtretung

Abtretungsurkunde zur Vorlage bei der . . .-Bank gem. § 410 BGB

Frau . . . als Alleinerbin des am . . . in . . . verstorbenen Erblassers . . . – gegenüber der . . . Bank bereits durch Vorlage des Erbscheins legitimiert / Erbschein zur Legitimationsprüfung ist beigefügt – tritt hiermit erfüllungshalber Herrn . . . als Pflichtteilsberechtigtem ihren Auskunftsanspruch gegenüber der . . . Bank ab, soweit diesem ein Auskunftsanspruch gegenüber der Erbin zusteht.

Er ist insoweit berechtigt, von der Bank Auskunft über die Salden der dort vom Erblasser geführten Konten, Depots und sonstigen Anlagen bezogen auf den Tag des Erbfalls zu erhalten. Bei Wertpapierdepots ist der Inhalt nach den einzelnen Positionen aufzuschlüsseln.

__________, *den* ___________

Unterschrift Erbe

Ich nehme die vorstehende Abtretung an.

__________, *den* ___________

Unterschrift Pflichtteilsberechtigter

Formulierungsvorschlag bei Pflichtteilsergänzungsansprüchen

[. . .]

Er ist weiterhin berechtigt, von der Bank Auskunft zu erhalten über unentgeltliche Zuwendungen des Erblassers an Dritte innerhalb der letzten zehn Jahre vor dem Eintritt des Erbfalls sowie deren Namen, soweit die Bank von solchen Zuwendungen Kenntnis hat, sowie sonstige Verträge zu Gunsten Dritter oder Lebensversicherungen und Zuwendungen auf den Todesfall jeglicher Art.

8. Vermächtnisnehmer

RA/FAfErbr/FAfSteuR Franz Linnartz

a) Grundsätzliches

aa) Vemächtnisarten

Ein Vermächtnis gemäß der Vorschrift des § 1939 BGB ist zunächst die Zuwendung eines Vermögensvorteils durch Verfügung von Todes wegen. Dabei rückt der Vermächtnisnehmer nicht in die Rechtsstellung des Erben ein. Er wird nicht Erbe, sondern erhält einen schuldrechtlichen Anspruch auf Übertragung des zugewendeten Gegenstands oder Rechts gegen den Beschwerten.[258]

Gegenstand eines Vermächtnisses ist somit ein Anspruch (§ 194 BGB). Der Anspruch ist gerichtet auf eine Leistung (§ 141 BGB). Diese kann in einem Tun oder Unterlassen liegen.[259]

Der in § 1939 BGB vorgesehene „Vermögensvorteil" ist nach allgemeiner Auffassung weit auszulegen.[260] Gegenstand des Vermächtnisses kann daher nicht nur ein Gegenstand, sondern auch eine Forderung oder ein Recht sein. Daher können im Wege eines Vermächtnisses insbesondere Bankguthaben in Form einzelner Konten oder eines Depots zugewendet werden.

Bestimmungsvermächtnis

Von einem Bestimmungsvermächtnis[261] ist auszugehen, wenn der Erblasser einem Dritten oder dem Beschwerten (Erben) das Recht einräumt, den Vermächtnisnehmer zu bestimmen. Der Erblasser hat dabei den Kreis der potenziellen Vermächtnisnehmer hinreichend zu bestimmen. Es kann also die Auswahl des Vermächtnisnehmers nicht in das völlige Belieben einer anderen Person gestellt werden.

Der Erblasser kann so einem Dritten auferlegen, denjenigen zu bestimmen, der beispielsweise das Depot, ein Konto oder den Inhalt des Schließfaches des Erblassers bei der Bank erhalten soll.

---

258 MünchKomm/*Leipold*, § 1939 Rn. 2.
259 MünchKomm/*Leipold*, § 1939 Rn. 6.
260 Palandt/*Edenhofer*, § 1939 Rn. 3.
261 Damrau/*Linnartz*, Erbrecht, § 2151 Rn. 1 ff.

Verteilungsvermächtnis
Das Verteilungsvermächtnis ist ein Unterfall des Bestimmungsvermächtnisses. Der Erblasser verfügt, dass mehrere Vermächtnisnehmer einen bestimmten teilbaren Vermächtnisgegenstand in der Weise erhalten sollen, dass ein von ihm bestimmter Dritter oder der Beschwerte bestimmt, was jeder Einzelne der Vermächtnisnehmer von dem Gegenstand erhalten soll.[262]

In Betracht kommt hier jeder teilbare Gegenstand,[263] insbesondere auch ein Konto oder das Depot bei einer Bank des Erblassers.

Gattungsvermächtnis
Mit dem Gattungsvermächtnis räumt der Erblasser dem Vermächtnisnehmer das Recht an einem körperlichen Gegenstand ein (§ 2155 BGB). Von einem beschränkten Gattungsvermächtnis spricht man, wenn das Vermächtnis nur aus dem Nachlass erfüllt werden soll.[264]

Gegenstand des Gattungsvermächtnisses sind daher nur körperliche Sachen.[265] Auch Sachinbegriffe (§ 92 Abs. 2 BGB) mit wechselndem Bestand – beispielsweise eine sich im Schließfach des Erblassers befindliche Münzsammlung oder sonstige Sammlung – können Gegenstand eines Gattungsvermächtnisses sein.[266]

Umstritten ist, ob auch das Geldvermächtnis ein Gattungsvermächtnis im Sinne des § 2155 BGB darstellt.[267] Zum einen wird vertreten, dass das Geldvermächtnis zum Gattungsvermächtnis gehört. Dies soll auch nicht nur dann gelten, wenn es sich beispielsweise um bestimmte Münzsorten handelt.[268] Mit dem Hinweis darauf, dass es bei einem Geldvermächtnis für eine nähere Bestimmung des Leistungsinhalts keinen weiteren Raum gibt, wird das Geldvermächtnis als Gattungsvermächtnis im Sinne des § 2155 BGB abgelehnt.[269]

Forderungsvermächtnis
Das Forderungsvermächtnis ist geregelt in § 2173 BGB. Anwendungsgebiet des § 2173 BGB ist, dass der Erblasser eine ihm zustehende Forderung dem Vermächtnisnehmer zuwendet (Sparkonten, laufende Konten). Bei

262 Damrau/*Linnartz*, Erbrecht, § 2153 Rn. 2.
263 Damrau/*Linnartz*, Erbrecht, § 2153 Rn. 3; MünchKomm/*Schlichting*, § 2153 Rn. 3.
264 Damrau/*Linnartz*, Erbrecht, § 2155 Rn. 6.
265 Palandt/*Edenhofer*, § 2155 Rn. 1.
266 Palandt/*Edenhofer*, § 2155 Rn. 1.
267 Damrau/*Linnartz*, Erbrecht, § 2155 Rn. 9.
268 MünchKomm/*Schlichting* § 2155 Rn. 2.
269 Damrau/*Linnartz*, Erbrecht, § 2155 Rn. 9; Staudinger/*Otte*, § 2155 Rn. 3; Palandt/*Edenhofer*, § 2155 Rn. 1.

der Forderung kann es sich auch um künftige, bedingte oder betagte Forderungen handeln.

Das Forderungsvermächtnis kann auch verbriefte Forderungen umfassen: Sparbuch, Anteile an Investmentgesellschaften und Immobilienfonds. Unter § 2173 BGB fallen auch unverbriefte Rechte, kraft deren eine Leistung verlangt werden kann (beispielsweise Buchgrundschulden).

Das Vermächtnis von Aktien fällt dagegen nicht unter das Forderungsvermächtnis. Dies gilt auch im Hinblick auf eine Dividendenberechtigung.[270] Das Wertpapierdepot stellt ein Stückvermächtnis im Sinne von § 2184 BGB dar, wenn das gesamte Wertpapierdepot vermacht wurde. Wurde dagegen lediglich der Teil eines Wertpapierdepots vermächtnisweise zugewendet, handelt es sich um ein beschränktes Gattungsvermächtnis.[271]

b) Gläubiger des Vermächtnisanspruchs

Gläubiger des Vermächtnisanspruchs kann jede natürliche oder juristische Person sein. Darüber hinaus kann auch bereits der nasciturus Vermächtnisnehmer sein.[272]

An die Stelle des Vermächtnisnehmers kann auch ein Ersatzvermächtnisnehmer treten, sofern dies durch den Erblasser bestimmt ist. Wurde keine ausdrückliche Bestimmung eines Ersatzerben vorgenommen, ist auf die Auslegungsregelung des § 2069 BGB zu beachten. Es kann so zu einer stillschweigenden Ersatzberufung der Abkömmlinge des Vermächtnisnehmers als Vermächtnisnehmer kommen.

c) Schuldner des Vermächtnisanspruchs

Als Schuldner des Vermächtnisanspruchs kommt derjenige in Betracht, der vom Erblasser etwas unmittelbar und zu eigenen Rechten zugewendet erhält.[273] Dies ist in der Regel der Erbe selbst. Es kann aber auch ein Vermächtnisnehmer Schuldner eines Vermächtnisanspruchs sein. Beschwert werden kann der einzelne Erbe oder aber auch eine Mehrheit von Erben.

270 Staudinger/*Otte*, § 2173 Rn. 3.
271 *Hardt*, ZErb 2000, 103.
272 MünchKomm/*Schlichting*, vor § 2147 Rn. 6.
273 MünchKomm/*Schlichting*, § 2147 Rn. 1.

Ebenfalls kann auch noch der Nacherbe mit einem Vermächtnis beschwert werden.[274]

Nicht mit einem Vermächtnis beschwert werden kann der Erbeserbe oder der Erbe des Vermächtnisnehmers.[275] Keiner Beschwerung unterliegt auch der Pflichtteilsberechtigte (Ausnahme: § 2338 BGB – Pflichtteilsbeschränkung) und der Testamentsvollstrecker als solcher.

Mit einem Vermächtnis kann testamentarisch auch nicht derjenige beschwert werden, der durch eine vollzogene unentgeltliche Zuwendung unter Lebenden begünstigt wurde. Dies gilt auch, wenn der Rechtserwerb erst beim Tod des Erblassers eintritt:

- Vereinbarung mit der Bank, nach dem Tod des Kontoinhabers einen Betrag an einen Dritten zu zahlen.[276]
- Anlegung eines Sparkontos auf den Namen eines Dritten mit dem Vorbehalt einer eigenen Verfügungsbefugnis bis zum Tod.[277]
- Vereinbarung mit der Bank, dass die bei der Bank deponierten Wertpapiere nach dem Tod des Depotinhabers einen Dritten auszuhändigen sind.[278]

d) Anfall und Fälligkeit des Vermächtnisses

Grundsätzlich fällt das Vermächtnis mit dem Erbfall an. Die Erfüllung des Vermächtnisses kann jedoch unter einer aufschiebenden Bedingung oder unter eine Befristung gestellt werden. In diesen Fällen erfolgt der Anfall des Vermächtnisses erst mit Eintritt der Bedingung oder des Termins (§ 2177 BGB).

Für den Zeitraum zwischen dem Erbfall und dem hinausgeschobenen Zeitpunkt entsteht bei dem Vermächtnisnehmer ein Anwartschaftsrecht.[279] Dieses Anwartschaftsrecht kann, wie andere Anwartschaften grundsätzlich auch, vererbt oder unter Lebenden übertragen werden.[280]

Mit dem Anfall des Vermächtnisses erwirbt somit der Vermächtnisnehmer einen Anspruch gegen den oder die beschwerten Erben oder einen mit

---

274 BayObLGZ 1982, 331, 338.
275 BGH NJW-RR 1986, 164, II 2; a. A. *von Olshausen*, DnotZ 1979, 707, 717.
276 BGHZ 66, 8, NJW 2004, 767.
277 BGHZ 46, 198; Palandt/*Grüneberg*, § 328 Rn. 9a.
278 BGHZ 41, 96.
279 Staudinger/*Otte*, § 2179 Rn. 7; Palandt/*Edenhofer* § 2179 Rn. 1.
280 RGZ 67, 425, 430; BGH MDR 1963, 824; *Bengel*, NJW 1990, 1828.

einem Vermächtnis beschwerbaren Dritten (beispielsweise Vermächtnisnehmer). Der Vermächtnisnehmer erhält so das Recht, die Leistung des vermachten Gegenstandes zu fordern.[281]

Festzuhalten ist somit, dass es erbrechtlich gesehen keine direkte Beziehung zwischen dem Vermächtnisnehmer und der Bank gibt. Der Vermächtnisnehmer hat lediglich Ansprüche, auch Auskunftsansprüche gegen den mit dem Vermächtnis Beschwerten (Erbe, Miterbengemeinschaft, Vermächtnisnehmer).

Etwas anderes gilt jedoch dann, wenn der Vermächtnisnehmer zugleich Miterbe ist und als solcher ein Vorausvermächtnis[282] erhalten hat.

e) Anspruchsgrundlagen

aa) Grundsätzliches

Dem Vermächtnisnehmer, der nicht zugleich Pflichtteilsberechtigter ist oder dem ein Auskunftsanspruch durch den Erblasser mit vermacht wurde,[283] steht grundsätzlich gegenüber den Erben oder dem mit dem Vermächtnis Beschwerten kein Auskunftsanspruch zu. Der Pflichtteilsberechtigte, dem ein Vermächtnis zugewendet wurde, hat dagegen gegen den Erben einen Auskunftsanspruch aus § 2314 BGB.[284] Diese Norm ist bei dem nicht pflichtteilsberechtigten Vermächtnisnehmer jedoch nicht anwendbar.

Ausnahmsweise steht dem Vermächtnisnehmer ein Auskunftsanspruch nach § 242 BGB beziehungsweise § 260 BGB zu. Dies ist dann der Fall, wenn dieser für die Feststellung und Durchsetzung seines Vermächtnisanspruchs notwendig ist.[285] Das Auskunftsrecht des Vermächtnisnehmers besteht insbesondere in Fällen wertbezogener Vermächtnisse. Dieses ist in den Fällen eines Quotenvermächtnisses der Fall, wenn sich die Höhe des Vermächtnisses aus dem Brutto- oder Nettonachlass ergeben soll. In diesen Problemkreis fällt auch die Zuwendung einer Quote in Höhe des gesetzlichen Erbteils oder des Pflichtteils durch den Erblasser.

---

281 *Damrau/Linnartz*, § 2176 Rn. 1.

282 Das einem Erben zugewendete Vermächtnis (Vorausvermächtnis) gilt als Vermächtnis auch insoweit, als der Erbe beschwert ist. Vgl. hierzu auch: Damrau/*Linnartz*, § 2150 Rn. 2 ff.

283 RGZ 129, 240.

284 BGHZ 28,177; *Schlitt*, ZEV 2007, 514.

285 OLG Oldenburg NJW-RR 1990, 650; LG Karlsruhe Zerb 2005, 130; *Sarres*, ZEV 2001, 225.

Es ist in diesen Fällen Auskunft über den ordentlichen Nachlass und eventuelle Ausgleichungs- und Anrechnungspflichten zu geben.[286]

Der Vermächtnisnehmer hat dann gegen den Erben einen Anspruch auf Auskunft über die Höhe des Nachlasses.[287] Hinsichtlich der Auskunftsverpflichtung kann auf § 2314 BGB, der analog anzuwenden ist, zurückgegriffen werden.

Der Umfang und Inhalt des Auskunftsanspruchs des Vermächtnisnehmers bestimmt sich nach dem konkreten Vermächtnisanspruch. Wurde beispielsweise ein Vermächtnisgegenstand vermacht, richtet sich der Auskunftsanspruch ausschließlich auf den Gegenstand und dessen Verbleib.

bb) Anspruch gegen den Erben

Wurde dem Vermächtnisnehmer eine Forderung gegen die Bank des Erblassers vermacht, ergibt sich daraus für ihn kein selbstständiger Auskunftsanspruch gegenüber der Bank. Seine Auskunftsansprüche sind beschränkt auf die Geltendmachung gegenüber dem Erben.

Es obliegt daher dem Erben, Auskunft bei der Bank einzuholen und sodann dem Vermächtnisnehmer Auskunft zu erteilen. Da der Erbe nach § 1922 BGB in das Geschäftsbesorgungsverhältnis zwischen dem Erblasser und der Bank eingetreten ist, hat er die Möglichkeit, sich alle Informationen zu beschaffen, auf die der Vermächtnisnehmer einen Anspruch hat.

cc) Anspruch gegen die Bank

Der Vermächtnisnehmer kann jedoch einen Auskunftsanspruch unmittelbar gegen die Bank erlangen, wenn der Erbe zur Abtretung seiner Auskunftsansprüche gegen die Bank verpflichtet ist. Wenn sich der Erbe das Wissen der Bank noch nicht selbst verschafft hat, kann dem Pflichtteilsberechtigten ein Anspruch auf Abtretung der Auskunftsansprüche des Erben gegen die Bank zustehen.[288] Dies muss meines Erachtens für den Vermächtnisnehmer entsprechend gelten. Dieser hat nämlich wie der Pflichtteilsberechtigte lediglich einen schuldrechtlichen Anspruch gegen den Erben. Die rechtlichen Positionen und insbesondere das rechtliche Interesse sind durchaus vergleichbar. Auch hier muss das Geheimhaltungsinteresse des Erben hinter dem Erfüllungsinteresse des vom Erblasser begünstigten Vermächtnisnehmers zurücktreten.

---

286 Scherer/*Schlitt*, M. A. H. Erbrecht, § 15 Rn. 62.
287 *Krug/Rudolf/Kroiß*, Erbrecht, § 15 Rn. 12; *Keidelbach*, FamRZ 1996, 1191.
288 OLG Bremen OLGR 2001, 201; NJW 1989, 1601 = BGHZ 107, 104.

dd) Vollmacht

Ist der Vermächtnisnehmer bevollmächtigt, sich um die Bankangelegenheiten des Erblassers zu kümmern, setzt dies voraus, dass er umfassend über die Bankgeschäfte des Erblassers informiert ist. Aus der Vollmacht leitet der bevollmächtigte Vermächtnisnehmer dann seinen Auskunftsanspruch vom Erblasser gegen die Bank ab. Vorbehaltlich der Ausformulierung der Vollmacht hat der Bevollmächtigte die gleichen Rechte wie der Vollmachtgeber (Erblasser).

Es ist jedoch zu sehen, dass diese Vollmacht nach dem Tod des Erblassers von seinen Erben grundsätzlich jederzeit und ohne Angabe näherer Gründe widerrufen werden kann.

Festzuhalten ist somit, dass dem Vermächtnisnehmer gegen die Bank des Erblassers grundsätzlich kein direkter Auskunftsanspruch zusteht.

Auch die Informationsansprüche aus § 666 BGB können grundsätzlich nur zusammen mit den Ansprüchen und Rechten aus dem Geschäftsbesorgungsverhältnis abgetreten werden.[289]

Im Gegensatz zum enterbten Pflichtteilsberechtigten hat der Erblasser gerade ein Interesse daran, dass der Vermächtnisnehmer das von ihm zugewendete Vermächtnis erhält. Er sollte daher sicherstellen, dass dieser über das Vermächtnis ausreichend informiert ist. Dies geschieht am besten durch regelmäßige Informationen des Vermächtnisnehmers über sein Vermächtnis.

f) Auskunftsumfang

Sofern der Vermächtnisnehmer in Ausnahmefällen einen direkten Auskunftsanspruch gegen die Bank hat, weil der Erbe den vom Erblasser auf ihn übergegangenen Informationsanspruch gegen die Bank (§ 1922 BGB) abgetreten hat, besteht dieser im gleichen Umfang wie der des Erblassers bzw. Erben. Er kann somit von der Bank insbesondere Auskunft über Kontostände, Depotinhalte, Laufzeiten von Anlageverträgen und Schließfach verlangen.

289 Vgl. hierzu Palandt/*Sprau*, § 666 Rn. 1 m. w. N.; Erman/*Ehmann*, § 666 Rn. 39 m. w. N.

g) Legitimation

Sofern sich aus den Vertragsverhältnissen des Erblassers mit der Bank nichts anderes ergibt, ist die Bank zur Auskunft verpflichtet, wenn ihr ein eröffnetes öffentliches Testament vorgelegt wird.[290]

In der Praxis werden jedoch die Banken-AGB zum Vertragsgegenstand gemacht. Danach kann die Bank zur Klärung der Verfügungsberechtigung die Vorlage eines Erbscheins, eines Testamentsvollstreckerzeugnisses oder ähnlicher gerichtlicher Zeugnisse verlangen (Ziffer 5 der Banken-AGB).

Durch diese Unterlagen wird jedoch nie der Vermächtnisnehmer, sofern er nicht zugleich Erbe wurde (Fall des Vorausvermächtnisses), legitimiert. Die Bank kann also den Auskunftsanspruch eines Vermächtnisnehmers mangels hinreichender Legitimation zurückweisen.

Beruft sich der Vermächtnisnehmer auf das an ihn abgetretene Auskunftsrecht des Erben, hat er entsprechend dem Vorstehenden den Erben als Auskunftsberechtigten zu legitimieren.

Ansonsten hat der Vermächtnisnehmer gegebenenfalls noch die Möglichkeit, sich auf eine nicht widerrufene Vollmacht des Erblassers zur Wahrnehmung von dessen Bankgeschäften zu berufen.

9. Finanzverwaltung

RA/FAfErbr/FAfSteuR Franz Linnartz

Es gibt praktisch keinen Erbfall, in dem nicht eine Beziehung zwischen dem Erblasser/Erbe und einer oder mehreren Banken bestand. Hieraus ergibt sich ein vitales Interesse der Finanzverwaltung an dem Vermögen des Erblassers bei Banken. Hieraus werden insbesondere Erkenntnisse für die Einkommensteuer und die Erbschaft-/Schenkungsteuer gewonnen.

290 BGH ZEV 2005, 388.

a) Grundsätzliches

aa) Legitimationsprüfung

Laienhaft wird oft vermutet, die Finanzverwaltung habe keinen Zugriff auf Informationen der Banken. Schließlich gäbe es ein „Bankgeheimnis“. Richtig ist jedoch, dass das Steuerrecht den Begriff des „Bankgeheimnisses“ nicht kennt.

Der Gesetzgeber hat in seiner Steuergesetzgebung an verschiedenen Stellen für die Finanzverwaltung die Möglichkeit geschaffen, sich bei Banken zu informieren oder diese zu verpflichten – auch unaufgefordert –, Auskünfte zu erteilen.

Um hierfür die Grundlagen zu schaffen, sind die Banken zu einer Legitimationsprüfung der Kontoinhaber verpflichtet. Niemand darf auf einen falschen oder erdichteten Namen für sich oder einen Dritten ein Konto errichten oder Buchungen vornehmen lassen. Entsprechendes gilt in Bezug auf die Verwahrung von Wertsachen (Geld, Wertpapiere, Kostbarkeiten) oder die Anmietung eines Bankschließfaches. Dies ergibt sich aus § 154 AO (Kontenwahrheit).

Wird gegen diese Legitimationsprüfung verstoßen, darf das Guthaben oder die hinterlegten (verpfändeten) Wertsachen sowie der Inhalt des Schließfaches nur mit Zustimmung der Finanzverwaltung herausgegeben werden. Wird dennoch ohne Zustimmung der Finanzverwaltung verfügt, haftet die Bank für dadurch entstandene Beeinträchtigungen von Steueransprüchen und Verfallserklärungen. Eine vorsätzliche oder leichtfertige Verletzung des Verbots stellt eine Ordnungswidrigkeit dar (§ 379 Abs. 2 Ziffer 2 AO).

bb) „Bankgeheimnis“

Zwar kennt das Steuerrecht kein „Bankgeheimnis“, dafür aber in § 30a AO den Schutz von Bankkunden. § 30a AO regelt das Vertrauensverhältnis zwischen den Banken und ihren Kunden.

Bei der Ermittlung eines Sachverhalts von Amts wegen (§ 88 AO) ist auf das Vertrauensverhältnis, das zwischen der Bank und ihrem Kunden besteht, besondere Rücksicht zu nehmen. Die Finanzverwaltung hat so in der Regel davon auszugehen, dass die Angaben in der Steuererklärung des Bankkunden vollständig und richtig sind.

Ermittlungen der Finanzverwaltung „ins Blaue hinein“ sind unzulässig.[291] Es müssen schon besondere Anhaltspunkte vorliegen, die ein Auskunftsersuchen gegenüber der Bank rechtfertigen.[292]

Zulässig sind jedoch Einzelauskunftsersuche an Banken in normalen Besteuerungsverfahren. Hier gelten die Vorschriften der §§ 93 ff. AO.[293] Dabei steht § 30a AO einem Auskunftsersuchen gegenüber der Bank nicht entgegen (§ 30a Abs. 5 S. 1 AO). Sofern der Ermittlungszweck nicht gefährdet wird, ist vor der Befragung eines Dritten (Bank) der Bankkunde auf die Möglichkeit eines Auskunftsersuchens gegenüber der Bank hinzuweisen.

cc) Kontenabruf nach § 93 Abs. 7 AO

Mit Wirkung vom 1. April 2005 an wurden die Absätze 7 und 8 an § 93 AO angefügt.[294] § 93 Abs. 7 AO ist mit dem Grundgesetz vereinbar.[295]

Nach § 93 Abs. 7 AO kann die Finanzbehörde im Einzelfall bei den Kreditinstituten über das Bundesamt für Finanzen Bestandsdaten zu Konten- und Depotverbindungen des Erblassers beziehungsweise dessen Erben als Rechtsnachfolger des Erblassers (§ 1922 BGB) abrufen. Im Einzelnen können folgende Bestandsdaten abgerufen werden:[296]

- Die Kontonummer des Kontos/Depots, das der Verpflichtung zur Legitimationsprüfung gemäß § 154 Abs. 2 S. 1 AO unterliegt.
- Das Datum der Errichtung und der Auflösung des Kontos/Depots.
- Der Name des Inhabers und eines Verfügungsberechtigten; bei natürlichen Personen das Geburtsdatum.
- Im Falle eines abweichend wirtschaftlich Berechtigten dessen Namen und Anschrift (§ 8 Abs. 1 Geldwäschegesetz).

Durch die Ermittlung dieser Daten können jedoch keine Kontobewegungen und Kontostände ermittelt werden.

291 BFH BStBl. II 1991, S. 277.
292 BFH BStBl. II 1988, S. 359; BStBl. II 1987, S. 419.
293 Vgl. hierzu auch Schreiben betr. Anwendungserlass zur Abgabenordnung (AEAO); Regelungen zu §§ 92 und 93 AO (Auskunftsersuchen; Kontenabruf), BStBl. I 2005, S. 422.
294 Anmerkung: § 93 Abs. 8 AO verstößt gegen das Gebot der Normenklarheit, da er den Kreis der Behörden, die ein Ersuchen zum Abruf von Kontostammdaten stellen können, und die Aufgaben, denen solche Ersuchen dienen sollen, nicht hinreichend bestimmt festlegt: BVerfG, Beschl. v. 13. 6. 2007–1 BvR 1550/03, 2357/04, 603/05.
295 BVerfG, Beschl.v. 13. 6. 2007–1 BvR 1550/03, 2357/04, 603/05.
296 BVerfG, Beschl. v. 13. 6. 2007–1 BvR 1550/03, 2357/04, 603/05.

dd) Kundenbenachrichtigung

Tritt die Finanzverwaltung mit dem Ersuchen um Auskunft oder Urkundenvorlage an die Bank wegen eines Steuerpflichtigen (Erblasser/Erbe) heran, ist diese berechtigt, ihren Kunden (Erblasser/Erbe) hierüber sowie über den Inhalt der erteilten Auskunft oder der Urkundenvorlage zu benachrichtigen.

Strafrechtliche Erwägungen (Begünstigung: § 257 StGB, Strafvereitelung: § 258 StGB) stehen der Benachrichtigung des Kunden jedoch grundsätzlich nicht entgegen.

Einer Begünstigung macht sich derjenige strafbar, der einem anderen, welcher eine rechtswidrige Tat begangen hat, in der Absicht Hilfe leistet, ihm die Vorteile der Tat zu sichern. Dabei ist die Kenntnis der Vortat im Einzelnen nicht erforderlich. Zwar hat der Mitarbeiter der Bank nähere Kenntnis des Sachverhalts auf Grund des in der Regel begründeten Auskunftsverlangens der Finanzverwaltung. Ihm fehlt jedoch regelmäßig die Absicht, dem Erblasser/Erben Vorteile aus einer strafbaren Handlung zu sichern.

Problematischer ist hier jedoch der Tatbestand der Strafvereitelung (§ 258 StGB). Dieser Tatbestand ist erfüllt, wenn ein Bankangestellter absichtlich oder wissentlich ganz oder zum Teil vereitelt, dass ein anderer dem Strafgesetz gemäß wegen einer rechtswidrigen Tat unterworfen wird. Eine „Vereitelung“ soll bereits dann vorliegen, wenn der Strafanspruch für längere Zeit nicht durchgesetzt werden kann. Eine endgültige Verhinderung der Strafdurchsetzung ist somit nicht erforderlich. Die bloße Warnung des Täters (Erblasser/Erbe) kann daher bereits ausreichend sein, um den objektiven Tatbestand der Strafvereitelung zu erfüllen. In der Regel wird jedoch dem Bankangestellten die entsprechende Absicht zur Verwirklichung der Strafvereitelung fehlen.[297]

Die Abgabenordnung selbst verbietet nicht die Benachrichtigung des Erblassers/Erben.

Eine Benachrichtigung des Erblassers/Erben ist jedoch zu empfehlen,[298] um dem Kunden die Möglichkeit zu geben, gegebenenfalls unbegründeten Vorwürfen der Finanzverwaltung unverzüglich entgegenzutreten und sie zu entkräften. Hierdurch wird ihm auch die Möglichkeit eröffnet, Rechtsmittel einzulegen.

---

297 Vgl. hierzu auch: *Sichtermann*, Bankgeheimnis und Bankauskunft, 3. Aufl., S. 347 ff.
298 *Sichtermann*, Bankgeheimnis und Bankauskunft, 3. Aufl., S. 290.

Die Bank trifft jedoch keine Pflicht, den Erblasser/Erben von den Anforderungen der Finanzverwaltung in Kenntnis zu setzen. Zwar hat die Bank auf Grund ihrer rechtlichen Beziehung zu dem Erblasser/Erben die Pflicht, deren Interessen wahrzunehmen. Hieraus kann jedoch keine Handlungspflicht abgeleitet werden. Eine Pflicht zum aktiven Tun – Benachrichtigung – besteht insoweit nicht.[299]

b) Anspruchsgrundlagen

aa) Auskunftsanspruch nach § 93 AO

Inhalt

Nach § 93 Abs. 1 AO kann die Finanzverwaltung andere Personen auffordern, die zur Feststellung eines für die Besteuerung erheblichen Sachverhalts erforderlichen Auskünfte zu erteilen. „Andere Personen" können dabei insbesondere auch Banken sein. Dem steht § 30a AO (Schutz von Bankkunden) nicht entgegen (siehe oben).

In dem Auskunftsersuchen hat die Finanzverwaltung konkret anzugeben, worüber und in wessen Steuerangelegenheit Auskunft verlangt wird. Liegen diese Voraussetzungen nicht vor, ist das Ersuchen unter Umständen nichtig. In jedem Fall ist es mit einem Einspruch anfechtbar.

Im Einzelnen hat daher die Finanzverwaltung gegenüber der Bank folgende Angaben zu machen:

- Angabe der Rechtsgrundlage (§ 93 AO),
- Gegenstand der Auskunft (§ 93 Abs. 2 S. 1 AO),
- für welche Person die Angaben benötigt werden (§ 93 Abs. 2 S. 1 AO),
- Begründung des Verwaltungsakts nach § 121 Abs. 1 AO (beachte: nach § 121 Abs. 2 AO kann eine Begründung entfallen),
- Erläuterung, dass die Sachverhaltsaufklärung bei dem Beteiligten (Bankkunde) nicht zum Ziel geführt hat oder keinen Erfolg verspricht (§ 93 Abs. 1 S. 3 AO).

Wegen des Steuergeheimnisses (§ 30 AO) hat jedoch eine mögliche Sachverhaltsschilderung, soweit möglich, zu unterbleiben.

---

299 *Sichtermann*, Bankgeheimnis und Bankauskunft, 3. Aufl., S. 290; *Spitz*, Die Rechtstellung der Kreditinstitute, S. 38; *Holzhammer*, Steuerpraxis 1145, S. 9; a. A. *Ungnade/Kruck*, WM 1980, 2, 162.

Unzulässigkeit des Auskunftsanspruchs
Ein Auskunftsersuchen der Finanzverwaltung nach § 93 AO gegenüber der Bank ist dann rechtswidrig, wenn die Finanzbehörde damit lediglich bezweckt, den auskunftspflichtigen (Bankkunden) zur Korrektur einer bereits erteilten Auskunft zu bewegen.[300]

Ferner verstößt die Finanzverwaltung gegen § 93 AO, wenn sie auf Grund einer unzutreffenden Rechtsauffassung einen Sachverhalt unter einem Auskunftsersuchen an die Bank aufklären möchte, auf den es für die Besteuerung nicht ankommt.[301]

Frist
Für die Auskunftserteilung ist der Bank eine angemessene Frist zu setzen. In der Regel beträgt die Frist zur Auskunft vier Wochen. Kürzere oder längere Fristen sind unter Berücksichtigung des Einzelfalls möglicherweise angemessen. Insbesondere wenn es um die Sicherung der Besteuerung geht (Gefahr im Verzug), können kürzere Fristen vertretbar sein.

Form
Die Bank hatte die Auskunft nach bestem Wissen und Gewissen wahrheitsgemäß zu erteilen.

Das Auskunftsersuchen bedarf keiner bestimmten Form. Es ist jedoch auf Verlangen des Auskunftspflichtigen in schriftlicher (§ 93 Abs. 2 S. 2 AO) oder in elektronischer Form (§ 87a Abs. 4 AO) zu erheben.

Die Auskunft selbst kann dann schriftlich, elektronisch oder auch fernmündlich erteilt werden (§ 93 Abs. 4 S. 1 AO). Auf Verlangen der Finanzverwaltung hat die Bank jedoch die Auskunft schriftlich zu erteilen, wenn dies sachdienlich ist (§ 93 Abs. 4 S. 1 AO).

Nur falls die Bank nicht reagiert oder die von ihr schriftlich verlangte Auskunft nicht erteilt hat, kann eine Vorladung nach § 93 Abs. 5 AO erfolgen.

Entschädigung
Auf Antrag kann die Bank, die von der Finanzverwaltung zur Auskunft herangezogen wurde, nach § 107 AO eine Entschädigung oder Vergütung in entsprechender Anwendung des Justizvergütungs- und -entschädigungsgesetzes verlangen.

---

300 FG Baden-Württemberg EFG 2001, 1588.
301 FG Baden-Württemberg EFG 2001, 1588.

Kam es jedoch nur zu einem „reinen“ Vorlageersuchen, entsteht kein Anspruch auf Entschädigung beziehungsweise Vergütung. Ein reines Vorlageersuchen im Sinne des § 97 AO liegt dann vor, wenn die Finanzverwaltung die vorzulegenden Unterlagen so konkret und eindeutig benennt, dass sich die geforderte Tätigkeit der Bank auf eine rein mechanische Hilfstätigkeit wie das Heraussuchen und das Lesbarmachen der angeforderten Unterlagen beschränkt. Bei der Anforderung von Bankunterlagen setzt das voraus, dass die Finanzverwaltung die Konten- und Depotnummern benennt oder vergleichbare konkrete Angaben zu sonstigen Bankverbindungen vorlegt.[302]

bb) Kontenabrufe nach § 93 Abs. 7 AO

Die Rechtsgrundlage für die Verpflichtung der Bank, Daten für einen Kontenabruf durch das Bundesamt für Finanzen bereitzuhalten, ergibt sich unmittelbar aus § 93b AO in Verbindung mit § 24c Kreditwesengesetz. Ein besonderer Verwaltungsakt ist nicht erforderlich.[303]

Der konkrete Anspruch auf die Herausgabe der Auskünfte ergibt sich sodann aus § 93 Abs. 7 AO. Er entspricht einer elektronischen Inaugenscheinnahme und stellt als solcher einen Realakt dar.

Der Erbe wird über den Kontenabruf informiert. Dies erfolgt auch, wenn die gegenüber die Finanzverwaltung gemachten Angaben bestätigt wurden. Die Information erfolgt beispielsweise im Steuerbescheid:

„Es wurde ein Kontenabruf nach § 93 Abs. 7 AO durchgeführt.“

Der Erbe kann vom Finanzgericht im Rahmen der Überprüfung des Steuerbescheids oder eines anderen Verwaltungsaktes oder isoliert im Wege der Leistungs- oder (Fortsetzungs-)Feststellungsklage den Kontenabruf auf seine Rechtmäßigkeit überprüfen lassen.[304]

cc) Vorlage von Urkunden (§ 97 AO)

Urkunden

Die Finanzbehörde kann von der Bank die Vorlage von Büchern, Aufzeichnungen, Geschäftspapieren und anderen Urkunden zur Einsicht und Prüfung verlangen (§ 97 Abs. 1 S. 1 AO).

---

302 BFH, DStR 2006, 2123.

303 Schreiben betr. Anwendungserlass zur Abgabenordnung vom 10. 3. 2005, BStBl I 2005, S. 422.

304 Vgl. dazu auch BVerfG, Beschl. v. 4. 2. 2005–2 BvR 308/04 (zur Wohnungsdurchsuchung).

Urkunden im Sinne des § 97 AO sind dabei alle Aufzeichnungen und Bücher, die der Steuerpflichtige zu führen hat, einschließlich der Bilanz.[305]

Es sind jedoch von der Bank nur die Urkunden vorzulegen, die sich auch in ihrer Verfügungsmacht befinden. Sie ist nicht verpflichtet, sich Unterlagen bei dem Erblasser/Erben zur Vorlage bei der Finanzverwaltung zu verschaffen.

Verfahren
Neben dem Erblasser/Erben (§ 78 AO) ist die Bank eine „andere Person". Sie ist zur Vorlage verpflichtet, wenn sich die Urkunde in ihrem Besitz befindet. Daher hat die Finanzverwaltung deutlich zu machen, für welchen Zweck sie die Urkunde benötigt (Besteuerung einer anderen Person: Erblasser/Erbe).

Es handelt sich bei der Aufforderung zur Vorlage der Urkunde um einen Verwaltungsakt im Sinne des § 118 AO.[306] Für die Wirksamkeit des Verwaltungsaktes ist es daher erforderlich, dass die Aufforderung zur Vorlage der Urkunde inhaltlich so bestimmt ist, dass die Bank der Vorlagepflicht Folge leisten kann.

Wie das Verlangen nach jedem Beweismittel muss das Verlangen zur Vorlage der Urkunde erfüllbar und zumutbar sein. Zu beachten sind hier auch die Vorlageverweigerungsrechte nach den §§ 104 bis 106 AO.

Subsidiarität (Abs. 2)
Die Finanzbehörde kann die Vorlage von Büchern, Aufzeichnungen, Geschäftspapieren und anderen Urkunden des Kunden von der Bank in der Regel erst dann verlangen, wenn

- der Vorlagepflichtige (Erblasser/Erbe) die Auskunft überhaupt nicht erteilt hat;
- die erteilte Auskunft unzureichend ist (der Erblasser/Erbe kam dem Auskunftsersuchen der Finanzbehörde in nicht ausreichendem Maße nach);
- gegen die Richtigkeit einer bereits erteilten Auskunft Bedenken bestehen.

Das Subsidiaritätsprinzip (Abs. 2) greift jedoch dann nicht, wenn die Voraussetzungen des § 97 Abs. 2 S. 2 AO gegeben sind:

305 FG Nürnberg, Urt. v. 28. 7. 1982, EFG 1983, 53.
306 BFH, Urt. v. 12. 9. 1985, BStBl II 1986, 537; a. A. *Schmidt-Liebig*, DStR 1987, 511.

- Sich aus anderen Vorschriften eine Vorlagepflicht ergibt.
- Eine steuerliche Vergünstigung geltend gemacht wird.
- Die Finanzbehörde eine Außenprüfung nicht durchführen will.
- Die Finanzbehörde wegen der erheblichen steuerlichen Auswirkungen eine baldige Klärung des Sachverhalts für geboten hält. Bei dem Begriff der „Erheblichkeit" handelt es sich um einen unbestimmten Rechtsbegriff. Er ist im jeweiligen Einzelfall zu prüfen. Im Ergebnis muss die steuerliche Auswirkung jedoch ein erhebliches Gewicht haben, um die Vorlage der Urkunde von der Bank fordern zu können.

Ort der Vorlage (Abs. 3)
Die Vorlage der angeforderten Unterlagen kann die Finanzbehörde an Amtsstelle oder beim Vorlagepflichtigen, der Bank, vornehmen. Die Einsichtnahme der Urkunde bei der Bank setzt jedoch deren ausdrückliche Einwilligung voraus. Ist die Urkunde zur Vorlage bei der Finanzbehörde ungeeignet, kommt ebenfalls eine Einsichtnahme bei der Bank in Betracht.

Art der Vorlage
Die vorzulegenden Unterlagen sind der Finanzbehörde im Original zugänglich zu machen. Die Finanzbehörde kann hiervon absehen und eine beglaubigte Abschrift der Urkunde für ausreichend erachten.[307]

Sofern die vorzulegende Urkunde in einer fremden Sprache verfasst wurde, kann die Finanzbehörde die Übersetzung ins Deutsche verlangen (§ 87 Abs. 2 AO).

Im Rahmen der Vorlage von Urkunden ist § 147 Abs. 5 AO entsprechend anzuwenden:

Werden die Urkunden auf einem Bildträger oder auf einem anderen Datenträger vorgelegt, ist die Bank verpflichtet, auf ihre Kosten diejenigen Hilfsmittel zur Verfügung zu stellen, die erforderlich sind, um die Unterlagen lesbar zu machen. Die Finanzbehörde kann darüber hinaus verlangen, die Unterlagen ganz oder teilweise auszudrucken. Die Kosten hat insoweit die Bank zu tragen.

Kostenerstattung
Die Bank kann grundsätzlich in entsprechender Anwendung des § 107 AO sowie des Gesetzes über die Entschädigung von Zeugen und Sachverständigen auf Antrag ihre Kosten geltend machen.[308]

---

307 BFH, Urt. v. 31. 8. 1994 – X R 2/93, BFH/NV 1995, 468.
308 BFH, Urt. v. 24. 3. 1987 – VII R 113/84, BStBl II 1988, 163.

Die Heranziehung zu Beweiszwecken nach § 97 AO ist von „reinen" Vorlageersuchen abzugrenzen. Für die Erfüllung des reinen Vorlageersuchens entsteht kein Anspruch auf Entschädigung oder Vergütung. Es liegt ein reines Vorlageverlangen nur dann vor, wenn die der Finanzverwaltung vorzulegenden Unterlagen konkret und eindeutig benannt sind. Auf Grund dessen muss sich die Tätigkeit der Bank auf eine mechanische Hilfstätigkeit beschränken. Dies ist nur dann möglich, wenn es um das Heraussuchen oder Lesbarmachen der angeforderten Unterlagen geht.

In Bezug auf die Anforderung von Bankunterlagen muss die Finanzverwaltung die Konten- und Depotnummer vollständig und eindeutig benennen oder vergleichbar konkrete Angaben zu der Bankverbindung vorlegen.[309]

dd) Durchsetzung des Auskunftsanspruchs

Kommt die Bank einem berechtigten Auskunfts- oder Vorlageersuchen der Finanzverwaltung gemäß §§ 93, 97 AO nicht nach, kann sie auf Zwangsmittel zurückgreifen.

Geregelt sind die Anspruchsgrundlagen der Finanzverwaltung in den §§ 328 ff. AO. Nach § 329 AO kann ein Zwangsgeld bis zu 25.000 € festgesetzt werden. Ob und in welcher Höhe das Zwangsgeld festgesetzt wird, bestimmt sich zum einen nach dem pflichtgemäßen Ermessen der Finanzverwaltung (§ 5 AO) und zum anderen unter besonderer Berücksichtigung der Verhältnismäßigkeit zwischen Mittel und Zweck (§ 328 Abs. 2 AO).[310] Erst wenn das Zwangsgeld (§ 329 AO) und die Ersatzvornahme (§ 330 AO) nicht zielführend sind, kommt die Anwendung unmittelbaren Zwangs nach § 331 AO zur Anwendung.

ee) Rechtsbehelfe

Der Bank steht gegen das Ersuchen der Finanzverwaltung das Rechtsmittel des Einspruchs nach § 347 AO zur Verfügung.

In besonderen Fällen kann durch die Beantragung der Aussetzung der Vollziehung gemäß § 361 AO bzw. § 69 FGO einstweiliger Rechtsschutz ersucht werden.

Verstößt die Finanzverwaltung gegen den Grundsatz der Subsidiarität, kann nicht nur der Erblasser/Erbe, sondern auch die Bank selbst nach § 347 AO Einspruch erheben. Die Bank kann ihren Einspruch damit be-

309 BFH, Urt. v. 8. 8. 2006 – VII R 29/05, DStR 2006, 2123.

310 BFH, Urt. v. 27. 10. 2004 – VII R 65/03, BStBl II 2005, 198; Urt. v. 18. 11. 1975 – VII R 26/72 – BStBl II 1976, 234.

gründen, dass ihre Inanspruchnahme zunächst unverhältnismäßig ist. Der Erblasser/Erbe kann den Einspruch damit begründen, dass die Bank ohne Grund in ein gegen ihn gerichtetes steuerliches Verfahren einbezogen wird.

Liegt jedoch ein Fall des § 93 Abs. 1 S. 3 AO vor, kann der Erblasser/Erbe das Verhalten der Finanzverwaltung nicht mit dem Einspruch nach § 347 AO angreifen: Er ist in diesen Fällen nicht durch das entsprechende Auskunftsersuchen beschwert.

ff) Erbschaftsteuer

Anzeigepflicht

Nach § 33 Abs. 1 ErbStG sind die Banken verpflichtet, diejenigen sich in ihrem Gewahrsam befindlichen Vermögensgegenstände und die gegen sie gerichtete Forderungen, die beim Tod eines Erblassers zu dessen Vermögen gehörten oder über die dem Erblasser zur Zeit seines Todes die Verfügungsmacht zustand, der Finanzverwaltung anzuzeigen.

Die Finanzverwaltung hat einzelnen Finanzämtern die Zuständigkeit (§ 35 ErbStG i. V. m. §§ 19 Abs. 1, 20 AO) zur Verwaltung der Erbschaftsteuer zugewiesen.[311]

Die Anzeige durch die Bank gegenüber der Finanzverwaltung ist in der Regel innerhalb eines Monats, seitdem der Todesfall der Bank bekannt geworden ist, zu erstatten. Ein Muster für die Anzeige gemäß § 33 Abs. 1 ErbStG findet sich in der Erbschaftssteuer-Durchführungsverordnung (ErbStDV: Muster 1 zu § 1).

Inhalt der Anzeige

Anzuzeigen sind alle Vermögensgegenstände, die der Erblasser bei der Bank unterhalten hat, die sich somit im Gewahrsam der Bank befinden. Für den Gewahrsam der Bank[312] ist es ausreichend, dass diese eine tatsächliche Einwirkungsmöglichkeit auf den Vermögensgegenstand hat. Eine Verwertungsbefugnis seitens der Bank ist nicht erforderlich.

Eine weitere Voraussetzung für die Anzeigepflicht der Bank ist, dass der Erblasser zumindest mitberechtigt am Vermögen war. Es sind daher nicht nur die im Alleineigentum des Erblassers stehenden Konten, sondern auch die, die der Erblasser mit anderen, entweder als Und- oder als Oder-Konto

311 Vgl. hierzu: Verzeichnis der für die Verwaltung der Erbschaftsteuer und Schenkungsteuer zuständigen Finanzämter, *Jülicher* in Troll/Giebel/Jülicher, Erbschaftsteuergesetz, § 35 Rn. 16.

312 BFH, Urt. v. 12. 8. 1964 – II 125/62, BStBl III 164, 647; *Jülicher* in Troll/Giebel/Jülicher, Erbschaftsteuergesetz, § 33 Rn. 10.

unterhielt, anzuzeigen. Entsprechendes gilt für Konten einer Personengesellschaft, an denen der Erblasser Mitgesellschafter ist.[313]

Die Anzeigepflicht besteht weiterhin, wenn der Erblasser mit der Bank durch Vertrag zu Gunsten Dritter vereinbart hatte, dass die für ihn verwahrten Vermögensgegenstände oder Guthaben mit seinem Tod außerhalb des Nachlasses unmittelbar auf den Dritten übergehen sollen.[314]

Die Anzeigepflicht besteht auf den Guthabenbestand zum Beginn des Todestages.[315]

Anzeigepflichtig sind auch die bis zum Todestag angefallenen Zinsen. Lediglich die für Girokonteninhaber gezahlten Zinsen, die nicht über einem Prozent liegen, müssen nicht angegeben werden.[316]

Hat der Erblasser ein Bankschließfach angemietet, zu dem er und ein Bankangestellter verschiedene Schlüssel besitzen, somit beide nur gemeinsam die Anlage öffnen können, besteht eine Sonderregelung. Die Bank hat von dem Inhalt des Bankschließfaches keine Kenntnis. Daher ist sie nur verpflichtet, das Vorhandensein eines solchen Bankschließfaches mitzuteilen (§ 1 Abs. 3 ErbStDV).[317]

Wegfall der Anzeigepflicht

Die Anzeigepflicht kann in zwei Fällen unterbleiben (§ 1 Abs. 4 ErbStDV):

Dieses ist zum einen der Fall, wenn es sich um Wirtschaftsgüter handelt, über die der Erblasser lediglich die Verfügungsmacht hatte. Dies ist insbesondere der Fall beim Handeln als gesetzlicher Vertreter, Betreuer, Liquidator, Verwalter oder Testamentsvollstrecker (§ 1 Abs. 4 Nr. 1 ErbStDV).

Zum anderen kann die Bank auf eine Anzeige verzichten, wenn der Wert der Konten- und Depotguthaben des Erblassers auf den Todestag 2.500 € nicht übersteigt (§ 1 Abs. 4 Nr. 2 ErbStDV).[318]

---

313 *Jülicher* in Troll/Giebel/Jülicher, Erbschaftsteuergesetz, § 33 Rn. 11; FinMin Niedersachsen v. 21. 7. 1968, DVR 1968, 192; *Moench/Kien-Hümbert/Weinmann*, § 33 Rn. 8.

314 BMF. v. 30. 3. 1965, DVR 1965, 108; v. 18. 9. 1998, DB 1999, 2141; OFD Hannover v. 7. 3. 2003, DStR 2003, 979; *Meincke*, § 33 Rn. 5.

315 *Jülicher* in Troll/Giebel/Jülicher, Erbschaftsteuergesetz, § 33 Rn. 14.

316 BMF v. 24. 2. 2000, DB 2000, 748.

317 BMF v. 21. 8. 1963, DVR 1963, 135.

318 Bis zum 31. 12. 2005: 1.200 €; bis zum 31. 12. 2001: 2.000 DM.

Sofern in letzterem Fall ein Bankschließfach vorhanden ist, muss die Bank in jedem Fall die Meldung abgeben.

Anzeigefrist
Voraussetzung für die Anzeigepflicht ist, dass die Bank Kenntnis vom Erbfall hat. Zur Vermeidung des Verdachts, leichtfertig der Anzeigepflicht nicht nachgekommen zu sein, stellen die Banken von sich aus routinemäßig Ermittlungen an: Beispielsweise Auswertung der Todesanzeigen in den Tageszeitungen.

Die Anzeige hat regelmäßig innerhalb eines Monats nach Bekanntwerden des Erbfalls zu erfolgen (§ 33 Abs. 1 Satz 1 Nr. 1 ErbStG).

Die Anzeigepflicht der Bank erlischt auch nicht durch einen längeren Zeitablauf nach dem Tod des Erblassers. Wenn jedoch der Todesfall mehr als 15 Jahre zurückliegt und damit auch eine verlängerte Festsetzungsverjährungsfrist bei einer Steuerhinterziehung abgelaufen sein dürfte, entfällt die Anzeigepflicht.[319]

Rechtsmittel
Ist die Bank zur Anzeige nach § 33 ErbStG von der Finanzverwaltung aufgefordert worden und der Auffassung, nicht zur Anzeige verpflichtet zu sein, hat sie die Möglichkeit, insoweit das Rechtsmittel der Feststellungsklage zu erheben.[320]

Auskunftsumfang
Der Auskunftsumfang richtet sich im Einzelnen nach den gesetzlichen Anspruchsgrundlagen. Es wird daher insoweit auf diese (s.o.) verwiesen.

c) Legitimation

Die Geltendmachung der Ansprüche durch die Finanzverwaltung gegenüber den Banken bedarf keiner besonderen Legitimation. Erforderlich ist, dass unverkennbar der Anspruch durch die Finanzverwaltung und nicht einen Dritten geltend gemacht wird.

Finanzbehörden im Sinne der Steuergesetze sind unter anderem der Bundesminister der Finanzen und die für die Finanzverwaltung zuständigen obersten Landesbehörden, die Oberfinanzdirektionen, die Landesfinanz-

319 FinMin Thüringen v. 13. 10. 1993, StEd 1993, 606; *Jülicher* in Troll/Giebel/Jülicher, Erbschaftsteuergesetz, § 33 Rn. 28.
320 FG Rheinland-Pfalz, Urt. v. 15. 11. 1985 – 6 K 247/84, DVR 1986, 87.

behörde anstelle der Oberfinanzdirektion, die Hauptzollämter, Zollfahndungsämter und Finanzämter (§ 6 Abs. 2 AO).

10. Staatsanwaltschaft

RA/FAfErbR Markus Maibach

a) Grundsätzliches

Die gesetzliche Grundlage für die Existenz der Staatsanwaltschaft findet sich im Gerichtsverfassungsgesetz. Dort ist in den §§ 141 ff. GVG insbesondere deren Aufbau und Zuständigkeit geregelt. Aufgaben und Befugnisse dieses Strafverfolgungs- und Strafvollstreckungsorgans finden sich in verschiedenen Gesetzen, maßgeblich in der Strafprozessordnung.

b) Anspruchsgrundlage

Das Recht und die Pflicht der Staatsanwaltschaft, im Rahmen strafrechtlicher Ermittlungen eine umfassende Tatsachenaufklärung herbeizuführen, kollidiert mit der Verschwiegenheitspflicht der Bank, dem sog. Bankgeheimnis. Letzteres ist in Ziffer 2 Abs. 1 Satz 1 der Allgemeinen Geschäftsbedingungen der Banken geregelt. Danach ist die Bank „zur Verschwiegenheit über alle kundenbezogenen Tatsachen und Wertungen verpflichtet, von denen sie Kenntnis erlangt". In Ziffer 2 Abs. 1 Satz 2 AGB-Banken erfährt dieser Grundsatz aber bereits die hier relevante Durchbrechung des Bankgeheimnisses dergestalt, das eine Befugnis (besser würde man wohl von einer Pflicht sprechen) zur Weitergabe von Informationen besteht, wenn „gesetzliche Bestimmungen dies gebieten". Maßgebliche Vorschriften in diesem Sinne sind folgende:

- Nach § 24c KWG hat jedes Kreditinstitut eine Datenbank zu führen, auf welche die Bundesanstalt für Finanzdienstleistungsaufsicht Zugriff hat. In dieser Datei sind vor allem Name und Geburtsdatum des Kontoinhabers, Kontonummer, Tag der Kontoeröffnung und -auflösung zu speichern. Auf Verlangen ist der Staatsanwaltschaft aus dieser Datei Auskunft zu erteilen.
- Die Staatsanwaltschaft hat die Pflicht, wegen aller verfolgbarer Straftaten einzuschreiten, sofern zureichende tatsächliche An-

haltspunkte bestehen (§ 152 Abs. 2 StPO). Erfordert dieses Legalitätsprinzip bei pflichtgemäßer Ermessensausübung die Erlangung von kundenbezogenen Tatsachen oder Wertungen, muss die Bank Auskunft erteilen. Bei Weigerung wäre die Staatsanwaltschaft in der Lage, durch Herbeiführung eines Durchsuchungs- und Beschlagnahmebeschlusses sich die entsprechenden Informationen zwangsweise zu verschaffen.

- Das Bankgeheimnis wird ebenfalls tangiert, wenn im Zuge strafrechtlicher Ermittlungen die Notwendigkeit besteht, Mitarbeiter einer Bank als Zeugen zu vernehmen. Da die Mitarbeiter nicht zu dem Kreis der geschützten Personen gemäß § 53 StPO gehören, mithin kein Zeugnisverweigerungsrecht besteht, kann es auch auf diesem Wege zu Durchbrechungen des Bankgeheimnisses kommen, wenn die Ermittlungen die Preisgabe kundenbezogener Informationen erfordern.

c) Umfang

Der Umfang des Auskunftsanspruchs respektive Zugriffsrechts der Staatsanwaltschaft auf kundenbezogene Informationen hängt davon ab, auf welcher Rechtsgrundlage im Einzelfall agiert wird. Im Ergebnis wird man aber festhalten können, dass nur diejenigen Informationen dem Zugriff unterliegen, soweit deren Erlangung vor dem Hintergrund des jeweiligen Tatvorwurfs und der hieran ausgerichteten Ermittlungen, unter strenger Beachtung des Verhältnismäßigkeitsgrundsatzes, notwendig ist.

d) Legitimation

Auch die Art und Weise der Legitimation ist abhängig davon, auf welche Rechtsgrundlage sich die Staatsanwaltschaft jeweils stützt. So bedürfen beispielsweise Durchsuchungen grundsätzlich einer richterlichen Anordnung gemäß § 105 Abs. 1 Satz 1 StPO. Nur bei Gefahr im Verzug darf die Anordnung ausnahmsweise von der Staatsanwaltschaft und ihren Hilfsbeamten erfolgen. Ebenso verhält es sich gemäß § 98 Abs. 1 Satz 1 StPO bei der Anordnung einer Beschlagnahme. Demnach ist in jedem Einzelfall zu prüfen, welche Legitimation die Staatsanwaltschaft benötigt, abhängig von der jeweiligen Anspruchsgrundlage.

III. Beziehung zur Bank

RA/FAfErbR Markus Meibach

Die Beziehungen des Erblassers zur Bank resultieren aus vertraglicher Grundlage. Die in der Praxis häufigsten Konstellationen werden nachstehend kurz umrissen:

1. Girovertrag

Die Legaldefinition des Girovertrages findet sich in §§ 676 f. BGB.

Hierbei handelt es sich nach allgemeiner Auffassung um einen Geschäftsbesorgungsvertrag mit dienstvertraglichem Charakter und ggf. mit einzelnen werkvertraglichen Elementen.[321] Er ist ein Rahmenvertrag für verschiedene Einzelverträge.[322] Auf der Grundlage der bankgeschäftlichen Organisationsstrukturen bestehen die Dienstleistungen der Bank insbesondere in der wiederholten Belastung und Kreditierung des Kontos jeweils bei Absendung und Empfangnahme von Buchgeld und in der Weiterleitung von Überweisungsformularen.[323]

Maßgeblich ist die Pflicht der Bank zur Einrichtung eines Kontos, wobei die ordnungsgemäße Führung des Kontos eine Hauptpflicht der Bank darstellt.[324] Geführt wird das Konto regelmäßig als Kontokorrent kraft Vereinbarung gemäß den Allgemeinen Geschäftsbedingungen der Bank.[325] Bei den verschiedenen Arten von Konten wird vornehmlich zwischen Einzel- und Gemeinschaftskonten unterschieden, je nachdem,

321 *Lange/Werkmüller*, § 13 Rn. 2.
322 *Palandt/Sprau*, § 676 Rn. 1.
323 *Lange/Werkmüller*, a. a. O.
324 *Palandt/Sprau*, § 676 Rn. 6.
325 *Palandt/Sprau*, § 676 Rn. 7.

ob eine oder mehrere Personen Kontoinhaber sind. Gemeinschaftskonten werden zusätzlich im Hinblick auf die unterschiedliche Ausgestaltung der Verfügungsbefugnis der Kontoinhaber differenziert. Sind alle Kontoinhaber nur gemeinschaftlich zur Verfügung berechtigt und kann die Bank nur an alle gemeinschaftlich mit befreiender Wirkung leisten, wird diese Art der Ausgestaltung der Form des Gemeinschaftskontos als „Und-Konto" bezeichnet. Kann jeder Kontoinhaber alleine verfügen, spricht man von einem „Oder-Konto". Letztere sind nach den Allgemeinen Geschäftsbedingungen der Banken der Regelfall. Die Inhaber sind Gesamtgläubiger und Gesamtschuldner der Bank. Die häufigste Form des „Oder-Kontos" ist das Ehegattenkonto.[326]

2. Sparbuch

Selbiges entsteht, wenn die Bank dem Sparkontoinhaber ein auf dessen Namen lautendes Sparbuch ausstellt. Im Sparbuch werden Ein- und Auszahlungen, Gutschriften und Belastungen sowie der Kontostand ausgewiesen. Die Eintragungen im Sparbuch können vom Inhalt der Geschäftsbücher der Bank abweichen, wenn die Eintragungen nicht regelmäßig aktualisiert werden. Bei Auszahlungen ist das Sparbuch vorzulegen. Das Sparkonto dient der Geldanlage und darf nicht für Zwecke des Zahlungsverkehrs verwendet werden.

3. Depot

Das Depotgeschäft beinhaltet die Verwaltung und Verwahrung von Wertpapieren für andere (§ 1 Abs. 1 S. 2 Nr. 5 KWG). Wertpapiere in diesem Sinne sind Aktien, Kuxe, Zwischen-, Zins-, Gewinnanteils- und Erneuerungsscheine. Eine depotgeschäftliche Vertragsbeziehung setzt voraus, dass die Bank Zugriff auf die zu verwahrenden Wertpapierurkunden hat.[327]

---

326 *Ott-Eulberg*, S. 50.
327 *Ott-Eulberg*, S. 103.

4. Schließfach

Mit dem Schließ- oder Schrankfach stellt die Bank dem Kunden einen bestimmten Raum zur Aufbewahrung von Gegenständen zur Verfügung. Obwohl Einigkeit darüber besteht, dass die Bank diesen Raum bewachen muss und mithin das entsprechende Verhältnis zwischen Bank und Kunde als Verwahrungs- und Lagervertrag charakterisiert werden könnte, ordnet die h. M. dieses Rechtsverhältnis als Mietvertrag ein.[328]

Eine besondere Form stellt das Briefschließfach dar. Hier werden nur Mitteilungen verwahrt. Sie dienen Selbstabholern zur Empfangnahme von Bankpost, insbesondere den Kontoauszügen.[329]

5. Bürgschaft

Durch den Bürgschaftsvertrag verpflichtet sich der Bürge gegenüber dem Gläubiger eines Dritten, für die Erfüllung der Verbindlichkeit des Dritten einzustehen (§ 765 Abs. 1 BGB). Hier sind maßgeblich zwei verschiedene Konstellationen zu unterscheiden. Zum einen, wenn die Bank dem Kunden einen Kredit gewährt und ihr Risiko dadurch absichert, dass ein Dritter für die Schuld des Kunden bürgt. Zum anderen, wenn die Bank selbst als Bürge für die Schuld des Kunden gegenüber einem Dritten einsteht.

6. Vertrag zu Gunsten Dritter auf den Todesfall

Grundsätzlich werden Rechte und Pflichten nur zwischen den unmittelbar Beteiligten eines Schuldverhältnisses begründet. Eine wichtige Ausnahme hiervon stellt der Vertrag zu Gunsten Dritter (§ 328 BGB) dar. Zweck dieses Rechtsinstituts ist vor allem, die Versorgung Dritter sicherzustellen, beispielsweise in Form von Versicherungs-, Leibrenten- und Hofübergabeverträgen.[330] Regelungsgegenstand der §§ 328 ff. BGB ist ausschließlich der echte Vertrag zu Gunsten Dritter. Hierbei erwirbt der Dritte (Begünstigte) einen eigenen Anspruch gegenüber dem Schuldner

328 *Palandt/Weidenkaff*, Einf. v § 535 Rn. 19.
329 *Ott-Eulberg*, S. 100.
330 *Palandt/Weidenkaff*, Einf. v § 328 Rn. 2.

(Versprechendem). Im Verhältnis zwischen Bank und Kunden verspricht also die Bank (Schuldnerin und Versprechende) dem Kunden (Versprechensempfänger und Gläubiger), einem Dritten das Recht einzuräumen, eine bestimmte Leistung von der Bank zu fordern.

Im Wege des Vertrags zu Gunsten Dritter kann der Kunde zudem ohne Einhaltung erbrechtlicher Formvorschriften einem Dritten einen schuldrechtlichen Anspruch zuwenden.[331]

Das Erbrecht findet keine Anwendung, weil es sich um ein Rechtsgeschäft unter Lebenden handelt. Der Leistungsanspruch fällt nicht in den Nachlass des Kunden. Der Dritte erwirbt den Anspruch „am Nachlass vorbei". Das ergibt sich mittelbar aus § 331 BGB. Dort ist als Auslegungsregel eine Vermutung für den Fall normiert, dass die Leistung an den Dritten nach dem Tode des Versprechensempfängers erfolgen soll.

Hiernach erwirbt der Dritte das Recht auf die Leistung im Zweifel mit dem Tode des Versprechensempfängers. Diese Vorschrift gilt für alle Verträge zu Gunsten Dritter, die als Leistungszeitpunkt den Tod des Versprechensempfängers vorsehen.

Zu nennen sind hier vor allem der Lebensversicherungsvertrag auf den Todesfall, soweit er unwiderruflich ist,[332] der Bausparvertrag mit Drittbegünstigung auf den Todesfall,[333] die Vereinbarung zwischen Bank und Kontoinhaber, nach seinem Tod einen Betrag an einen Dritten zu zahlen,[334] Vereinbarung zwischen Bank und Depotinhaber, nach seinem Tod die deponierten Wertpapiere einem Dritten auszuhändigen[335] sowie die Anlegung eines Sparkontos auf den Namen eines Dritten mit dem Vorbehalt der eigenen Verfügungsbefugnis des Inhabers bis zu seinem Tod.[336]

Bis zum Eintritt des Todesfalls steht der Anspruch dem Versprechensempfänger zu. Er kann die Rechtsstellung des Dritten jederzeit ändern. Der Dritte hat deshalb zu Lebzeiten des Versprechensempfängers keine gesicherte Rechtsposition, etwa in Form einer Anwartschaft, sondern lediglich eine Hoffnung auf Rechtserwerb. Bei Vorversterben eines Dritten steht der Anspruch dem Versprechensempfänger zu, soweit keine Ersatzbegünstigten benannt sind.

331 *Palandt/Grüneberg*, § 331 Rn. 1; Einf. v § 328 Rn. 7.
332 RG 51, 404.
333 BGH NJW 1965, 1913.
334 BGH, Urt. v. 26. 11. 1975 – IV 138/74, BGHZ, 66, 13.
335 BGH, Urt. v. 29. 1. 1964 – V ZR 209/61, BGHZ, 41, 96.
336 BGH, Urt. v. 9. 11. 1966 – VIII ZR 73/64, BGHZ 46, 198.

Trifft der Versprechensempfänger keine anderweitige Regelung nach dem Vorversterben des Begünstigten, fällt der Anspruch in den Nachlass und steht den Erben zu. Nach Eintritt des Todesfalls erwirbt der Dritte den Leistungsanspruch gegen den Versprechenden.

Da es sich beim Vertrag zu Gunsten Dritter um ein Rechtsgeschäft unter Lebenden handelt (s.o.), findet § 2301 BGB keine Anwendung. Auch kann sich die versprechende Bank gegenüber dem Dritten nicht auf einen Formmangel unter Verweis auf § 518 Abs. 1 BGB berufen. Stirbt nämlich der Kunde, erwirbt der Dritte mit dem Tod den Leistungsanspruch. Mit diesem Erwerb gilt die Schenkung als bewirkt im Sinne des § 518 Abs. 2 BGB. Die Schenkung ist vollzogen und der Formmangel geheilt.

Allerdings betreffen diese Ausführungen die Rechtsposition des Dritten gegenüber der Bank. Hiervon zu unterscheiden ist die Frage, ob der Dritte die Leistung auch im Verhältnis zu den Erben behalten darf. Das setzt einen Rechtsgrund voraus, der zwischen dem verstorbenen Kunden und dem Dritten zu Lebzeiten des Kunden begründet worden sein muss. Besteht ein solcher Rechtsgrund nicht, sieht sich der Dritte Bereicherungsansprüchen der Erben ausgesetzt.

IV. Auskunft nach abgeschlossener Kundenbeziehung

RA/FAfErbR/Abogado (Spanien) Niels Becker

Da der Auskunftsanspruch des Erblassers gegenüber der Bank auf den Erben übergeht, besteht der Anspruch des verstorbenen Kunden auch an solchen Bankgeschäften fort, die bereits vor oder gerade wegen des Erbfalls ihren Abschluss gefunden hatten. Letzteres trifft insbesondere auf Schenkungen auf den Todesfall – etwa von Sparkonten, Fondsanteilen oder Depots – zu.

Hierzu führte das OLG Frankfurt/M. bereits 1965[337] aus:

„Dieses Auskunftsrecht des Erblassers ist auf dessen Erben übergegangen. Auch nach Auflösung des Sparkontos und der Beendigung des Bankvertrages hat das frühere Geschäftsbesorgungsverhältnis insofern noch Nachwirkungen, als die Antragsgegnerin grundsätzlich über frühere Vorgänge auf dem abgeschlossenen Konto verpflichtet bleibt, soweit der Auskunftsberechtigte ein anerkennenswertes Interesse an dieser Auskunft hat. Das Auskunftsrecht kann infolgedessen nicht mit der Begründung des Landgerichtes verneint werden, das Sparkonto des Erblassers sei jetzt aufgelöst und habe zur Zeit des Erbfalls kein Guthaben mehr aufgewiesen, weil das vorhanden gewesene Guthaben außerhalb des Erbfalls auf einen Dritten übergegangen sei."

Grundsätzlich ist der Anspruch des Erben insoweit so weit gehend, wie er beim Erblasser vorhanden war. Hierbei ist zunächst fraglich, ob die Bank Zweitschriften erstellen muss, obwohl der Kunde bereits unterrichtet wurde.

---

337 OLG Frankfurt/M., Beschl. v. 7. 5. 1965 – W 40/65, MDR 1966, 503.

Der BGH[338] billigt Bankkunden gemäß § 242 BGB auch dann noch einen Anspruch auf Erstellung von Zweitschriften zu, wenn sie diese bereits erhalten haben. Der Kunde kann dann von der Bank Zweitschriften verlangen. Auf ein Verschulden des Kunden beim Verlust der Unterlagen kommt es nicht an. Entscheidend ist lediglich, dass es der Bank noch möglich ist, die Unterlagen zu beschaffen.[339] Eine allgemeine Grenze besteht nur beim Missbrauch.

Bei einer bereits abgeschlossenen Kontoverbindung soll aber die Bank nur noch dann verpflichtet sein, Kontoauszüge und Unterlagen zusammenzustellen, wenn der Kunde ein besonderes Interesse geltend machen kann, z. B. im Prozess gegen die Bank selbst.[340] Ein solches Interesse ist aber häufig gerade auch beim Erben vorhanden, wenn es darum geht, mögliche Vermögensverschiebungen des Erblassers zu recherchieren.[341] Dies gilt insbesondere bei solchen Kontoverbindungen, die gerade anlässlich des Todesfalls aufgelöst worden sind, wie die Schenkung des Sparbuches auf den Todesfall.

Fazit:

Die Bank muss dem Erben als Rechtsnachfolger des Kunden auch über abgeschlossene Bankverträge Auskunft erteilen, wenn sich die entsprechenden Unterlagen nicht im Nachlass auffinden lassen.

Es ist ausreichend, wenn der Erbe erklärt, dass er diese Unterlagen zur Recherche von Vermögensverschiebungen des Erblassers benötigt oder beispielsweise um seinerseits Auskunftspflichten nachzukommen, etwa gegenüber Pflichtteilsergänzungsberechtigten. Dies schließt auch eine Belegvorlage mit ein, sofern diese noch vorhanden sind.

---

338 BGH, Urt. v. 7. 4. 1985 – III ZR 144/84, NJW 1985, 2699, 2699 f.
339 BGH, Urt. v. 14. 4. 1988 – III ZR 28/87, NJW-RR 1988, 1072, 1073.
340 BGH, Urt. v. 14. 4. 1988 – III ZR 28/87, NJW-RR 1988, 1072, 1073.
341 *Ott-Eulberg* in Ott-Eulberg/Schebesta/Bartsch, Erbrecht und Banken, Angelbachtal 2000, S. 331; OLG Frankfurt/M., Beschl. v. 7. 5. 1965 – 15 W 40/65, MDR 1966, 503.

V. Schadensersatzansprüche

RA/FAfErbR/Abogado (Spanien) Niels Becker

1. Auskünfte gegenüber dem Nichtberechtigten

a) Grundsätzliches

Ziffer 3 der AGB-Banken bezieht sich auf die Haftung der Banken. Sie haften danach für jede Form von Fahrlässigkeit. Im Erbfall ist insbesondere die Haftungsbeschränkung auf grobe Fahrlässigkeit bei der Prüfung der Legitimation des Erben bereits mit Inkrafttreten der Fassung vom 1. 1. 1993 entfallen.[342] Nach Ziffer 5 Satz 4 AGB-Banken tritt eine Haftung der Bank ein, wenn sie infolge von Fahrlässigkeit an den Falschen leistet.

Im Bereich der Auskunftsansprüche stellt sich die Frage von Schadensersatzansprüchen nicht so gravierend dar wie bei der Leistung durch die Bank an einen Nichtberechtigten etwa auf Grund mangelhafter erbrechtlicher Legitimationsprüfung. Erteilt die Bank ihre Auskunft dem Falschen, kommt allerdings eine Haftung wegen der Verletzung des Bankgeheimnisses in Betracht.

Dem Erben steht ein Anspruch auf Schadensersatz wegen Vermögensschäden zu. Das Bankgeheimnis geht mit dem Tode des Bankkunden auf dessen Erben über.[343] Dieser ist also Anspruchsinhaber. Dabei ist der An-

342 Vgl. hierzu im Einzelnen *Hoeren*, NJW 1992, 3263, 3264.
343 *Bunte*, AGB-Banken, München 2007, Nr. 2 Rn. 80; *Canaris*, Bankvertragsrecht, 3. Aufl., Berlin 1988, Rn. 50; *Claußen*, Bank- und Börsenrecht, München 1996, § 6 Rn. 5.

spruch des Erben nicht auf das im Rahmen der Rechtsnachfolge erlangte Nachlassvermögen beschränkt.[344]

Hinweis:

Die Bank muss dem Erben als Rechtsnachfolger des Kunden den gesamten Schaden ersetzen, der durch die Veröffentlichung der Geheimnisse des Kunden entstanden ist. Er ist dabei nicht auf einen Schaden in Bezug auf die ererbten Vermögenswerte beschränkt, sondern ihm ist der volle Schaden zu ersetzen, der ihm als aktuellem Rechteinhaber entsteht.

b) Vermögensschaden

Die Verletzung des Bankgeheimnisses stellt eine positive Forderungsverletzung gemäß § 280 BGB dar.[345] Erforderlich ist dementsprechend ein Verschulden mit dem Haftungsmaßstab des ordentlichen Kaufmanns gemäß § 347 HGB.

Parallel kann sich auch eine deliktische Haftung gemäß § 823 Abs. 1 BGB ergeben. Überwiegend wird in diesem Falle eine Verletzung des allgemeinen Persönlichkeitsrechts des Bankkunden angenommen. Die Verletzung des Bankgeheimnisses ist ein „sonstiges Recht" im Sinne dieser Vorschrift.[346]

Eine Haftung gemäß § 826 BGB wegen vorsätzlicher sittenwidriger Schädigung der Bank ist denkbar, dürfte aber praktisch wenig bedeutsam sein, genauso wie eine Haftung nach § 823 Abs. 2 BGB in Verbindung mit § 263 StGB wegen Betruges.[347]

Eine solche Haftung könnte allerdings denkbar sein, wenn die Bank beispielsweise dem Erben das Vorhandensein eines großen Bankvermögens vorspiegelt, um ihn so zu bewegen, die Erbschaft anzunehmen, und ihn dann für tatsächliche Schulden des Erblassers aus seinem eigenen Ver-

344 *Sichtermann/Feuerborn/Kirchherr/Terdenge*, Bankgeheimnis und Bankauskunft, 3. Aufl., Frankfurt/M. 1984, S. 202.

345 *Schwintowski/Schäfer*, Bankrecht, 2. Aufl., München 2004, § 3 Rn. 47.

346 *Claußen*, Bank- und Börsenrecht, München 1996, § 6 Rn. 5; enger *Canaris*, Bankvertragsrecht, 3.Aufl., Berlin 1988, Rn. 40 f., der ein eigenes Recht verneint, aber eine Verletzung des allgemeinen Persönlichkeitsrechts durch die Verletzung des Bankgeheimnisses für möglich hält.

347 *Schwintowski/Schäfer*, Bankrecht, 2. Aufl., München 2004, § 3 Rn. 62.

mögen haftbar machen zu können. So hat der BGH[348] die Sittenwidrigkeit einer Auskunft bejaht, wenn die Bank sie wissentlich falsch erteilt.

Die Rechtsprechung verneint in diesem Zusammenhang allerdings schon grundsätzlich eine Berufung auf das Bankgeheimnis, wenn im Zusammenhang mit einer Auskunft beispielsweise Namen von Zuwendungsempfängern bekannt werden, die pflichtteilsergänzungspflichtig sind, da diese im Hinblick auf diese gesetzliche Pflicht ohnehin kein schutzwürdiges Interesse an der Geheimhaltung ihrer Namen und den entsprechenden Geschäftsvorgängen haben.[349]

Mit dem gleichen Ansatz ist auch ein Schadensersatzanspruch zu verneinen, wenn die Bank beispielsweise fahrlässig unberechtigt einem Pflichtteilsberechtigten Auskünfte erteilt hat, soweit diese nicht über dessen Auskunftsanspruch gegenüber dem Erben hinausgehen. Hier entsteht dem Erben kein Schaden, da letztlich er selbst dieselben Informationen auf Grund seiner gesetzlichen Pflicht gem. § 2314 Abs. 1 BGB hätte dem Pflichtteilsberechtigten mitteilen müssen. Der BGH bejaht – allerdings in anderem Zusammenhang – eine Haftung, wenn unter Verletzung des Bankgeheimnisses der Nichtberechtigte von Konten erfahren hat, in die er dann vollstrecken kann.[350]

Ein Schadensersatzanspruch wird grundsätzlich gleichfalls nicht ausgelöst, wenn die Weitergabe von Daten im überwiegenden eigenen Interesse der Bank oder auf Grund einer höheren sittlichen Pflicht gerechtfertigt ist.[351] Eine solche höhere sittliche Pflicht liegt zum Beispiel vor, wenn durch die Bankauskunft hinterzogene Steuern aufgedeckt werden. In diesem Fall ist der Erbe nicht schutzwürdig und eine Haftung ausgeschlossen.[352]

Wenn die Bank bei einer Erbengemeinschaft fehlerhaft Auskünfte nur einem einzelnen Miterben erteilt, kann sie die Auskunftserteilung an die Übrigen nachholen, sodass ein Schaden insoweit nicht vorstellbar ist.

---

348 BGH WM 1973, 635; BGH, Urt. v. 3. 12. 1973 – II ZR 144/72, WM 1974, 153.

349 BGH, Urt. v. 28. 2. 1989 – XI ZR 91/88, BB 1989, 734, 734 = NJW 1989, 1601.

350 BGH, Urt. v. 12. 5. 1958 – II ZR 103/57, NJW 1958, 1232, 1233.

351 *Sichtermann/Feuerborn/Kirchherr/Terdenge*, Bankgeheimnis und Bankauskunft, 3. Aufl., Frankfurt/M. 1984, S. 180; *Canaris*, Bankvertragsrecht, 3. Aufl., Rn. 65.

352 OLG Köln, Urt. v. 8. 7. 1992 – 11 U 43/92, BB 1992, 2174, 2175.

c) Immaterieller Schaden

Neben der Haftung für den Vermögensschaden wird auch die Frage diskutiert, ob ein Schmerzensgeldanspruch durch die Verletzung des Bankgeheimnisses ausgelöst werden kann.[353]

Für die hier interessierenden Fälle der Auskunft an Nichtberechtigte im Erbfall käme ein solcher Anspruch wegen einer Verletzung des postmortalen Persönlichkeitsrechts des Erblassers in Betracht, wobei dieses nicht unmittelbar in § 253 BGB geschützt ist,[354] sondern als eigenständiger zivilrechtlicher Anspruch aus den Grundrechten abgeleitet wird.[355] Der Anspruch besteht auch nach dem Ableben des Bankkunden fort und geht auf die Erben über.[356]

d) Unterlassungsanspruch

Es ist außerdem anerkannt, dass der Erbe einen Unterlassungsanspruch gegenüber der Bank auf die Auskunftserteilung gegenüber unberechtigten Dritten hat.[357] Praktisch bedeutsam ist in diesem Zusammenhang, dass der Erbe auch bei drohender Auskunft an Dritte seinen Unterlassungsanspruch geltend machen kann.[358]

In der Praxis werden in der Regel verschiedene Personen an die Bank herantreten, die angeben, Auskunftsberechtigte zu sein. Die Bank wird dementsprechend alle Beteiligten hierüber informieren. Will der tatsächlich berechtigte Erbe eine Auskunftserteilung verhindern, muss er seinen Unterlassungsanspruch geltend machen, was für die Bank den Vorteil hat, dass sie durch eine gerichtliche Entscheidung Klarheit über die Rechtslage bekommt.

Hinweis:

Die Bank sollte erwägen, im Rechtsstreit auf Unterlassung den anderen Auskunftsprätendenten den Streit zu verkünden.

---

353 Abgelehnt von OLG Frankfurt/M., Urt. v. 6. 1. 1988 – 17 U 35/87 und 17 U 203/87, WM 1988, 154; dafür *Schwintowski/Schäfer*, Bankrecht, 2. Aufl., München 2004, § 3 Rn. 47.

354 *Sichtermann/Feuerborn/Kirchherr/Terdenge*, Bankgeheimnis und Bankauskunft, 3. Aufl., Frankfurt/M. 1984, S. 40 ff.; MüKo-*Oetker*, § 253 Rn. 27.

355 MüKo-*Rixecker*, Anh.§ 12 Rn. 1 ff.

356 MüKo-*Rixecker*, Anh.§ 12 Rn. 31 ff. u Rn. 222.

357 *Schwintowski/Schäfer*, Bankrecht, 2. Aufl., München 2004, § 3 Rn. 47.

358 *Sichtermann/Feuerborn/Kirchherr/Terdenge*, Bankgeheimnis und Bankauskunft, 3. Aufl., Frankfurt/M. 1984, S. 204.

Praktisch bedeutsam ist, dass der Unterlassungsanspruch wegen drohender Auskunftserteilung an einen Nichtberechtigten im einstweiligen Verfügungsverfahren geltend gemacht werden kann.[359]

2. Fehlerhafte Auskunft

Eine Bankauskunft ist nur dann korrekt, wenn sie dem tatsächlichen Informationsstand der Bank entspricht und das vorhandene Wissen bei der Formulierung der Auskunft zutreffend umgesetzt worden ist.[360]

Hinweis:

Die Bank sollte sich allerdings zurückhalten, im Bereich der erbrechtlichen Auskunft initiativ zu inhaltlichen Fragen des Nachlasses, etwa bezüglich der Auseinandersetzung, Ausführungen zu machen. Dies ist nicht ihre Aufgabe und haftungsträchtig.[361]

a) Pflichtverletzung

Da die Auskunft der Bank als originäre Pflicht aus der Geschäftsbeziehung mit dem Erblasser geschuldet ist, kann sie sich hinsichtlich der Richtigkeit der Auskunft auch nicht von der Haftung, etwa durch einen „ohne Obligo“-Vermerk, von der Haftung freizeichnen.[362]

Für eine fehlerhafte Auskunft muss die Bank uneingeschränkt haften. Dabei ist allerdings entscheidend, dass die Auskunft für den Empfänger von wesentlicher Bedeutung ist und er diese zur Grundlage seiner Entscheidungen macht.[363]

Zu fragen ist daher immer zuerst, ob eine objektive Pflichtverletzung vorliegt. Dies kann dann durchaus problematisch ein, wenn die Bank nicht umhinkommt, die Bonität ihres Kunden zu bewerten.[364] Diese Prognose

---

359 *Schwintowski/Schäfer*, Bankrecht, 2. Aufl., München 2004, § 3 Rn. 47.
360 BGH, Urt. v. 5. 12. 2000 – XI ZR 340/99, BB 2001, 226, 227.
361 *Werkmüller*, ZEV 2001, 340, 342.
362 BGH, Urt. v. 13. 1. 2000 – III ZR 62/99, BB 2000,428; BGH, Urt. v. 5. 12. 2000 – XI ZR 340/99, BB 2001, 226, 227.
363 *Schwintowski/Schäfer*, Bankrecht, 2. Aufl., München 2004, § 3 Rn. 52.
364 BGH, Urt. v. 12. 2. 1979 – II ZR 177/77, NJW 1979, 1595 = WM 1979, 54.

kann im Einzelfall schwierig sein, da sie regelmäßig auch die Person des Kunden und sein weiteres Verhalten in der Rechtsbeziehung zur Bank beinhaltet. Im Rahmen von erbrechtlichen Auskunftsansprüchen scheidet letzterer Aspekt im Hinblick auf das Versterben des Kunden aus. Allerdings kann eine fehlerhafte Einschätzung des Vermögens erhebliche Auswirkungen auf die Entscheidungen des Erben haben.

Dies kann beispielsweise im Hinblick auf die Entscheidung, die Erbschaft wegen hoher Schulden noch auszuschlagen der Fall sein. Wenn die Bank hier wesentliche Passiva „verschleiert" oder Vermögenspositionen „schönt", die den Erben dazu bewegen, etwa von seinem Ausschlagungsrecht nicht Gebrauch zu machen, oder dazu bringen, die Erbschaft gerade wegen der vermeintlich positiven Bankauskunft anzunehmen, begeht sie eine wesentliche Pflichtverletzung, die die Haftung gegenüber dem Erben auslösen kann.

Die Bank haftet allerdings nur für die Richtigkeit ihrer Auskunft nach ihrem Kenntnisstand zum Zeitpunkt der Auskunftserteilung. Tritt nach der Auskunftserteilung eine Verschlechterung ein, so ist sie nicht verpflichtet, die Auskunft zu berichtigen.[365]

Wenn beispielsweise ein Aktiendepot bewertet wird und dieses später durch eine ungünstige Marktentwicklung seinen Wert überwiegend verliert, ist die Bank nicht verpflichtet, von sich aus dem Erben entsprechende Berichtigungen der Auskunft zu übermitteln. Hiervon unabhängig ist natürlich die Frage, inwieweit sie bei Übernahme der Rechtsbeziehung des Erblassers durch den Erben unmittelbar aus dem Bankvertrag diesem gegenüber verpflichtet ist, auf entsprechende Vermögensgefährdungen hinzuweisen.

b) Kausalität

Die fehlerhafte Auskunft muss ursächlich für den eingetretenen Schaden sein. Der Auskunftsberechtigte muss gerade im Vertrauen auf die Auskunft seine Entscheidung getroffen haben.[366] Dabei wird die Kausalität nicht etwa schon deswegen ausgeschlossen, weil er bei seiner Entschei-

365 OLG München, Urt. v. 16. 11. 1979–23 U 2521/79, WM 1980, 505.
366 BGH, Urt. v. 8. 12. 1998 – XI ZR 50/98, ZIP 1999, 275.

dung auch anderweitige Informationen berücksichtigt hat.[367] Die Beweislast, dass der Erbe beispielsweise auch dann die Erbschaft nicht ausgeschlagen hätte, wenn die Auskunft der Bank fehlerfrei gewesen wäre, trägt die Bank.[368]

c) Verschulden

Der Haftung der Bank setzt weiter ein Verschulden ihrer Angestellten, für das sie gemäß § 278 BGB einzustehen hat,[369] oder ihrer Organe oder verfassungsmäßigen Vertreter (§§ 31, 30, 89 BGB)[370] voraus. Haftungsmaßstab ist dabei gemäß § 347 HGB die gebotene Sorgfalt eines ordentlichen Kaufmanns. Bei einer objektiv unrichtigen Auskunft wird das Verschulden bei der Bank vermutet.[371] Sie trägt außerdem die Beweislast, dass die Auskunft etwa für den Schadenseintritt nicht kausal geworden sei.[372]

d) Schaden

Die fehlerhafte Auskunft muss zu einem konkreten Vermögensschaden geführt haben.

Dies kann dann der Fall sein, wenn der Erbe im Vertrauen auf die Auskunft angenommen hat, dass der Nachlass überschuldet ist und er nunmehr aus seinem eigenen Vermögen haften muss.

Denkbar ist auch, dass Miterben sich beispielsweise vergleichsweise im Vertrauen auf die Bankauskunft auseinander gesetzt haben und sich die Teilung nunmehr als fehlerhaft zu Gunsten eines oder einiger Miterben erweist. Hat beispielsweise ein Miterbe das richtig bewertete Grundeigentum erhalten und ein anderer die Bankaktiva und Passiva auf Grund einer fehlerhaften Bankauskunft übernommen, muss die Bank haften, soweit sich die Auseinandersetzung nicht mehr anfechten lässt. Im Anfechtungsprozess könnte der Bank bereits der Streit verkündet werden.

---

367 BGH, Urt. v. 12. 2. 1979 – II ZR 177/77, NJW 1979, 1595.
368 BGH, Urt. v. 12. 2. 1979 – II ZR 177/77, NJW 1979, 1595.
369 *Canaris*, Bankvertragsrecht, 3. Aufl., Berlin 1988, Rn. 17 ff.
370 *Schwintowski/Schäfer*, Bankrecht, 2. Aufl., München 2004, § 3 Rn. 60.
371 *Schwintowski/Schäfer*, Bankrecht, 2. Aufl., München 2004, § 3 Rn. 60.
372 BGH, Urt. v. 12. 2. 1979 – II ZR 177/77, NJW 1979, 1595; *Schwintowski/Schäfer*, Bankrecht, 2. Aufl., München 2004, § 3 Rn. 60.

VI. Kosten der Auskunft

RA/FAfErbR/Abogado (Spanien) Niels Becker

1. Allgemeines

Soweit es sich bei der Auskunft um eine Dienstleistung handelt, die im Rahmen der bankvertraglichen Geschäftsbesorgung erbracht wird, kann die Bank grundsätzlich eine Vergütung verlangen. Soweit im Preisaushang bzw. Preis- und Leistungsverzeichnis eine gesonderte Vergütung nicht ausgewiesen ist, kann sie deren Höhe entsprechend Ziffer 12 Abs. 1 S. 3 der AGB-Banken nach billigem Ermessen gem. § 315 BGB bestimmen, da Erbringung der Leistung nur gegen eine Vergütung zu erwarten ist. Anders verhält es sich allerdings, wenn die Bank mit einer Auskunft einer eigenen rechtlichen Verpflichtung nachkommt. Dies ist beispielsweise dann der Fall, wenn die Bank die nach dem ErbStG vorgesehene Anzeige beim Finanzamt vornimmt. Hierfür darf sie kein Entgelt verlangen.[373]

Trotz des grundsätzlichen Anspruchs auf Vergütung stellt sich allerdings in der Praxis die Frage, für welche konkreten Leistungen die Bank im Zusammenhang mit der Auskunft im Erbfall eine gesonderte Vergütung verlangen kann. Unzulässig ist, wenn sie durch AGB pauschal eine Vergütung für die „Nachlassbearbeitung" verlangt.[374] Ein solch pauschales Vergütungsverlangen verstößt schon deshalb gegen § 307 Abs. 1 BGB, weil das Klarheitsgebot nach Satz 2 dieser Vorschrift nicht eingehalten ist.

Eine Vergütung kann die Bank weiterhin nicht für die Prüfung der Legitimation verlangen. Aus Ziffer 5 der AGB-Banken ergibt sich, welche Legitimationsnachweise notwendig und ausreichend sind. Eine „Prüfung"

373 LG Frankfurt/M., Urt. v. 27. 1. 2000 – 2/2 O 46/99, ZEV 2000, 461, 462.
374 LG Frankfurt/M., Urt. v. 27. 1. 2000 – 2/2 O 46/99, ZEV 2000, 461.

des Erbscheins, des eröffneten Testaments oder des Testamentsvollstreckerzeugnisses ist insoweit keine besondere Tätigkeit, die mit einer Aufwandsentschädigung verbunden sein kann. Die Situation ist rechtlich nicht anders, als wenn die Bank die Legitimation des noch lebenden Kunden oder von dessen Kontobevollmächtigten überprüft. Auch in diesem Fall wird keine besondere Vergütung fällig. Die sorgfältige Prüfung der Legitimation, die sich unter Umständen aufwändig gestalten kann, erfolgt im eigenen Interesse der Bank, um ihre Haftung abzuwenden.

Eine Ausnahme mag nur dann gelten, wenn der Nachweis der Legitimation auf Grund ausländischer Urkunden[375] erfolgt und die Bank sich beispielsweise durch die Einholung von Rechtsgutachten rückversichern muss, ob diese für die Legitimation im Erbfall ausreichend sind.

Wenn die Bank im Rahmen der Auskunftserteilung Kontoauszüge und Unterlagen zusammenstellen muss, ist eine Aufwandsentschädigung geschuldet.[376] Dabei muss grundsätzlich gelten, dass sich die Höhe dieser Vergütung nicht von der unterscheiden darf, die sie berechnet, wenn sie dieselbe Zusammenstellung für den noch lebenden Kunden vornehmen würden, dem beispielsweise seine Unterlagen abhanden gekommen sind. Für diesen Fall sehen die meisten Preisverzeichnisse eine Vergütung vor. Dabei ist die Bank berechtigt, die Vergütung nach der Schwierigkeit zu berechnen, etwa, wenn beispielsweise Mehraufwand dadurch entsteht, dass die Bank aufwändig Buchungsvorgänge rekonstruieren muss.[377]

Eine Vergütung ist auch geschuldet für die Recherchetätigkeit, wenn keine der üblichen Bankunterlagen vorhanden sind oder Auskunft erteilt werden soll, ob Darlehensverträge, Bankbürgschaften, Lebensversicherungen bestanden haben oder Geschäftsbeziehungen zu anderen Banken ersichtlich sind.[378]

---

375 Diese sind gem. Ziffer 5 AGB-Banken in Übersetzung vorzulegen, sodass diese Kosten ohnehin vom Auskunftsberechtigten getragen werden müssen.

376 BGH, Urt. v. 4. 7. 1985 – III ZR 144/84, BB 1985, 1874, 1875; Urt. v. 14. 4. 1988 – III ZR 28/87, NJW-RR 1988, 1072, 1073; a. A. OLG Frankfurt/M., Urt. v. 3. 5. 2006 – 23 U 188/04, OLGR 2006, 967, das davon ausgeht, dass eine Vergütung nur geltend gemacht werden darf, wenn das Auskunftsbegehren durch einen in der Sphäre des Kunden liegenden Umstand begründet ist.

377 *Ott-Eulberg* in Ott-Eulberg/Schebesta/Bartsch, Erbrecht und Banken, Angelbachtal 2000, S. 322, der seinerzeit eine Vergütung von 30–60 DM pro Stunde für angemessen hielt.

378 Unabhängig davon können Auslagen darüber hinaus gem. Ziffer 12 Abs. 5 AGB-Banken berechnet werden.

2. Zurückbehaltungsrecht

Soweit sich die Auskunft als aufwändig und damit auch kostenintensiv darstellt, stellt sich die Frage, ob die Bank von dem Auskunftsberechtigten die Vorauszahlung ihrer Kosten oder zumindest die Zahlung eines angemessenen Vorschusses verlangen kann. Zurückbehaltungsrechte sind im Erbrecht beispielsweise anerkannt beim wechselseitig geltend gemachten Auskunftsverlangen zwischen Erben und Pflichtteilsberechtigten oder unter Miterben.[379] Beim Verhältnis Auskunftsberechtiger und Bank kommt es demgegenüber nicht auf die wechselseitige Erfüllung von Auskünften an, sondern rein auf die Frage, ob die Bank verpflichtet ist, einseitig mit der Auskunftserteilung in Vorleistung zu gehen, und das Risiko, der Vergütung hinterherlaufen zu müssen.

Der BGH[380] hat sich mit dieser Frage nur am Rande beschäftigt: Wenn die Erfüllung der Auskunft für das Kreditinstitut mit einem besonderen Kostenaufwand verbunden sei und der Kunde angemessenen Ersatz dafür ablehne, sei die Bank nach Treu und Glauben nicht zur Auskunft verpflichtet.

Eine weitere Ansicht stellt über die wirtschaftliche Bedeutung für die Bank hinaus auf besondere beim Auskunftsberechtigten liegende Umstände ab, etwa dass dieser die eidesstattliche Versicherung abgegeben hat, und will folglich ein Verweigerungsrecht nur in besonders begründeten Einzelfällen zulassen.[381]

Vorzugswürdig ist die Auffassung, dass das Auskunftsbegehren nur Zug um Zug gegen Begleichung des Kostenaufwandes geltend gemacht werden kann.[382] Die Einschränkungen sind abzulehnen. Es ist nicht Aufgabe der Bank, zu prüfen, ob der Auskunftsberechtigte solvent ist.

Wenn sie insoweit Leistung Zug um Zug verlangt, wird der Berechtigte nicht übermäßig belastet, da er die Aufwandsentschädigung ohnehin schuldet.

Dem BGH ist zuzustimmen, dass ein besonderer Kostenaufwand vorliegen muss, um darüber hinaus ein Verweigerungsrecht zu begründen, wenn der Kunde nicht in Vorkasse geht. Denn es besteht grundsätzlich

---

379 LG Duisburg, Beschl. v. 9. 6. 2006–2 O 250/05 (nv).

380 BGH, Urt. v. 4. 7. 1985 – III ZR 144/84, BB 1985, 1874, 1875.

381 OLG Hamm, Urt. v. 4. 5. 1992 – 31 U 186/91, WM 1992, 1100, 1101; ihm folgend *Sarres*, Erbrechtliche Auskunftsansprüche, München 2004, Rn. 363.

382 *Schimansky/Bunte/Lwowski*, Bankrechtshandbuch Bd. I, 2. Aufl. 2001, § 47 Rn. 50, a. A. OLG Frankfurt/M., Urt. v. 3. 5. 2006 – 23 U 188/04, OLGR 2006, 967.

eine Rechtspflicht der Bank gemäß § 666 BGB zur Auskunftserteilung, auch wenn sie dieser gegenüber dem Erblasser bereits nachgekommen war.[383]

Fazit:

Ein Verweigerungsrecht stellt also eine Ausnahme zur regelmäßigen Auskunftspflicht der Bank dar. Nach § 242 BGB kann sie sich auf dieses nur berufen, wenn sie einen erheblichen eigenen Kostennachteil fürchten muss. Fälle, bei denen die Bank wegen fehlender Vorauszahlung von 20 oder 30 Euro die Auskunft verweigert, dürften aber praktisch ohnehin wenig Bedeutung haben.

---

383 OLG Frankfurt/M., Urt. v. 3. 5. 2006 – 23 U 188/04, OLGR 2006, 967, das hieraus folgert, dass keine Vergütung verlangt werden könne.

Anlage

Allgemeine Geschäftsbedingungen

Grundregeln für die Beziehung zwischen Kunde und Bank

1. Geltungsbereich und Änderungen dieser Geschäftsbedingungen und der Sonderbedingungen für einzelne Geschäftsbeziehungen

(1) Geltungsbereich

Die Allgemeinen Geschäftsbedingungen gelten für die gesamte Geschäftsverbindung zwischen dem Kunden und den inländischen Geschäftsstellen der Bank (im Folgenden Bank genannt). Daneben gelten für einzelne Geschäftsbedingungen (zum Beispiel für das Wertpapiergeschäft, für den kartengeschützten Zahlungsverkehr, für den Scheckverkehr, für den Sparverkehr, für den Überweisungsverkehr) Sonderbedingungen, die Abweichungen oder Ergänzungen zu diesen Allgemeinen Geschäftsbedingungen enthalten; sie werden bei der Kontoeröffnung oder bei Erteilung eines Auftrags mit dem Kunden vereinbart. Unterhält der Kunde auch Geschäftsbedingungen zu ausländischen Geschäftsstellen, sichert das Pfandrecht der Bank (Nr. 14 dieser Geschäftsbedingungen) auch die Ansprüche dieser ausländischen Geschäftsstellen.

(2) Änderungen

Änderungen dieser Geschäftsbedingungen und der Sonderbedingungen werden dem Kunden schriftlich bekannt gegeben. Hat der Kunde mit der Bank im Rahmen der Geschäftsbeziehung einen elektronischen Kommunikationsweg vereinbart (z. B. das Homebanking), können die Änderungen auch auf diesem Wege übermittelt werden, wenn die Art der Übermittlung es dem Kunden erlaubt, die Änderungen in lesbarer Form zu speichern oder auszudrucken. Sie gelten als genehmigt, wenn der Kunde nicht schriftlich oder auf dem vereinbarten elektronischen Weg Widerspruch erhebt. Auf diese Folge wird ihn die Bank bei der Bekanntgabe besonders hinweisen. Der Kunde muss den Widerspruch innerhalb von sechs Wochen nach Bekanntgabe der Änderungen an die Bank absenden.

2. Bankgeheimnis und Bankauskunft

(1) Bankgeheimnis

Die Bank ist zur Verschwiegenheit über alle kundenbezogenen Tatsachen und Wertungen verpflichtet, von denen sie Kenntnis erlangt (Bankgeheimnis). Informationen über den Kunden darf die Bank nur weitergeben, wenn gesetzliche Bestimmungen dies gebieten, der Kunde eingewilligt hat oder die Bank zur Erteilung einer Bankauskunft befugt ist.

(2) Bankauskunft

Eine Bankauskunft enthält allgemein gehaltene Feststellungen und Bemerkungen über die wirtschaftlichen Verhältnisse des Kunden, seine Kreditwürdigkeit und Zahlungsfähigkeit; betragsmäßige Angaben über Kontostände, Sparguthaben, Depot- oder sonstige der Bank anvertraute Vermögenswerte sowie Angaben über die Höhe von Kreditinanspruchnahmen werden nicht gemacht.

(3) Voraussetzungen

Die Bank ist befugt, über juristische Personen und im Handelsregister eingetragene Kaufleute Bankauskünfte zu erteilen, sofern sich die Anfrage auf ihre gesetzliche Tätigkeit bezieht. Die Bank erteilt jedoch keine Auskünfte, wenn ihr eine anders lautende Weisung des Kunden vorliegt. Bankauskünfte über andere Personen, insbesondere über Privatkunden und Vereinigungen, erteilt die Bank nur dann, wenn diese generell oder im Einzelfall ausdrücklich zugestimmt haben. Eine Bankauskunft wird nur dann erteilt, wenn der Anfragende ein berechtigtes Interesse an der gewünschten Auskunft glaubhaft darlegt und kein Grund zu der Annahme besteht, dass schutzwürdige Belange des Kunden der Auskunftserteilung entgegenstehen.

(4) Empfänger von Bankauskünften

Bankauskünfte erteilt die Bank nur eigenen Kunden sowie anderen Kreditinstituten für deren Zwecke oder die ihrer Kunden.

3. Haftung der Bank; Mitverschulden des Kunden

(1) Haftungsgrundsätze

Die Bank haftet bei der Erfüllung ihrer Verpflichtungen für jedes Verschulden ihrer Mitarbeiter und der Personen, die sie zur Erfüllung ihrer Verpflichtungen hinzuzieht. Soweit die Sonderbedingungen für einzelne Geschäftsbeziehungen oder sonstige Vereinbarungen etwas Abweichendes regeln, gehen diese Regelungen vor. Hat der Kunde durch ein schuldhaftes Verhalten (zum Beispiel durch Verletzung der in Nr. 11 dieser Geschäftsbedingungen ausgeführten Mitwirkungspflichten) zu der Entstehung eines Schadens beigetragen, bestimmt sich nach den Grundsätzen des Mitverschuldens, in welchem Umfang Bank und Kunde den Schaden zu tragen haben.

(2) Weitergeleitete Aufträge
Wenn ein Auftrag seinem Inhalt nach typischerweise in der Form ausgeführt wird, dass die Bank einen Dritten mit der weiteren Erledigung betraut, erfüllt die Bank den Auftrag dadurch, dass sie ihn im eigenen Namen an den Dritten weiterleitet (weitergeleiteter Auftrag). Dies betrifft zum Beispiel die Einholung von Bankauskünften bei anderen Kreditinstituten oder die Verwahrung und Verwaltung von Wertpapieren im Ausland. In diesen Fällen beschränkt sich die Haftung der Bank auf die sorgfältige Auswahl und Unterweisung des Dritten.

(3) Störung des Betriebes
Die Bank haftet nicht für Schäden, die durch höhere Gewalt, Aufruhr, Kriegs- und Naturereignisse oder durch sonstige von ihr nicht zu vertretende Vorkommnisse (zum Beispiel Streik, Aussperrung, Verkehrsstörung, Verfügungen von hoher Hand im In- oder Ausland) eintreten.

4. Grenzen der Aufrechnungsbefugnis des Kunden
Der Kunde kann gegen Forderungen der Bank nur aufrechnen, wenn seine Forderung unbestritten oder rechtskräftig festgestellt wird.

5. Verfügungsberechtigung nach dem Tod des Kunden
Nach dem Tod des Kunden kann die Bank zur Klärung der Verfügungsberechtigung die Vorlegung eines Erbscheins, eines Testamentsvollstreckerzeugnisses oder weiterer hierfür notwendiger Unterlagen verlangen; fremdsprachige Urkunden sind auf Verlangen der Bank in deutscher Übersetzung vorzulegen. De Bank kann auf die Vorlage eines Erbscheins oder eines Testamentsvollstreckerzeugnisses verzichten, wenn ihr eine Ausfertigung oder eine beglaubigte Abschrift der letztwilligen Verfügung (Testament, Erbvertrag) nebst zugehöriger Eröffnungsniederschrift vorgelegt wird. Die Bank darf denjenigen, der darin als Erbe oder Testamentsvollstrecker bezeichnet ist, als Berechtigten ansehen, ihn verfügen lassen und insbesondere mit befreiender Wirkung an ihn leisten. Dies gilt nicht, wenn der Bank bekannt ist, dass der dort Genannte (zum Beispiel nach Anfechtung oder der Nichtigkeit des Testamentes) nicht verfügungsberechtigt geworden ist, oder wenn ihr dies infolge Fahrlässigkeit nicht bekannt geworden ist.

6. Maßgebliches Recht und Gerichtsstand bei kaufmännischen und öffentlich-rechtlichen Kunden

(1) Geltung deutschen Rechts
Für die Geschäftsverbindung zwischen dem Kunden und der Bank gilt deutsches Recht.

(2) Gerichtsstand für Inlandskunden
Ist der Kunde ein Kaufmann und ist die streitige Geschäftsbeziehung dem Betriebe seines Handelsgewerbes zuzurechnen, so kann die Bank diesen Kunden an dem für die kontoführende Stelle zuständigen Gericht oder bei einem anderen zuständigen Gericht verklagen; dasselbe gilt für eine juristische Person des öffentlichen Rechts und für öffentlich-rechtliche Sondervermögen. Die Bank selbst kann von diesen Kunden nur an dem für die kontoführende Stelle zuständigen Gericht verklagt werden.

(3) Gerichtsstand für Auslandskunden
Die Gerichtsstandsvereinbarung gilt auch für Kunden, die im Ausland eine vergleichbare gewerbliche Tätigkeit ausüben, sowie für ausländische Institutionen, die mit inländischen juristischen Personen des öffentlichen Rechts oder mit einem inländischen öffentlich-rechtlichen Sondervermögen vergleichbar sind.

Kontoführung

7. Rechnungsabschlüsse bei Kontokorrentkonten (Konten in laufender Rechnung); Genehmigung von Belastungen aus Lastschriften

(1) Erteilung der Rechnungsabschlüsse
Die Bank erteilt bei jedem Kontokorrentkonto, sofern nicht etwas anderes vereinbart ist, jeweils zum Ende eines Kalenderquartals einen Rechnungsabschluss; dabei werden die in diesem Zeitraum entstandenen beiderseitigen Ansprüche (einschließlich der Zinsen und Entgelte der Bank) verrechnet. Die Bank kann auf dem Saldo, der sich aus der Verrechnung ergibt, nach Nr. 12 dieser Geschäftsbedingungen oder nach der mit dem Kunden anderweitig getroffenen Vereinbarung Zinsen errechnen.

(2) Frist für Einwendungen; Genehmigung durch Schweigen
Einwendungen wegen Unrichtigkeit oder Unvollständigkeit eines Rechnungsabschlusses hat der Kunde spätestens vor Ablauf von sechs Wochen nach dessen Zugang zu erheben; macht er seine Einwendungen schriftlich geltend, genügt die Absendung innerhalb der Sechs-Wochen-Frist. Das Unterlassen rechtzeitiger Einwendungen gilt als Genehmigung. Auf diese Folge wird die Bank bei Erteilung des Rechnungsabschlusses besonders hinweisen. Der Kunde kann auch nach Fristablauf eine Benachrichtigung

des Rechnungsabschlusses verlangen, muss dann aber beweisen, dass sein Konto zu Unrecht belastet oder eine ihm zustehende Gutschrift nicht erteilt wurde.

(3) Genehmigung von Belastungen aus Lastschriften
Hat der Kunde eine Belastungsbuchung aus einer Lastschrift, für die er dem Gläubiger eine Einzugsermächtigung erteilt hat, nicht schon genehmigt, so hat er Einwendungen gegen diese im Saldo des nächsten Rechnungsabschlusses erhaltene Belastungsbuchung spätestens vor Ablauf der sechs Wochen nach Zugang des Rechnungsabschlusses zu erheben. Macht er seine Einwendungen schriftlich geltend, genügt die Absendung innerhalb der Sechs-Wochen-Frist. Das Unterlassen rechtzeitiger Einwendungen gilt als Genehmigung der Belastung. Auf diese Folge wird die Bank bei Erteilung des Rechnungsabschlusses besonders hinweisen.

8. Storno- und Benachrichtigungsbuchungen der Bank
(1) Vor Rechnungsabschluss
Fehlerhafte Gutschriften auf Kontokorrentkonten (zum Beispiel wegen einer falschen Kontonummer) darf die Bank bis zum nächsten Rechnungsabschluss durch eine Belastungsbuchung rückgängig machen, soweit ihr ein Rückzahlungsanspruch gegen den Kunden zusteht (Stornobuchung); der Kunde kann in diesem Fall gegen die Belastungsbuchung nicht einwenden, dass er in Höhe der Gutschrift bereits verfügt hat.

(2) Nach Rechnungsabschluss
Stellt die Bank eine fehlerhafte Gutschrift erst nach einem Rechnungsabschluss fest und steht ihr ein Rückzahlungsanspruch gegen den Kunden zu, so wird sie in Höhe ihres Anspruchs sein Konto belasten (Berichtigungsbuchung). Erhebt der Kunde gegen die Berichtigungsbuchung Einwendungen, so wird die Bank den Betrag dem Konto wieder gutschreiben und ihren Rückzahlungsanspruch gesondert geltend machen.

(3) Information des Kunden; Zinsberechnung
Über Storno- und Benachrichtigungsbuchungen wird die Bank den Kunden unverzüglich unterrichten. Die Buchungen nimmt die Bank hinsichtlich der Zinsenberechnung rückwirkend zu dem Tag vor, an dem die fehlerhafte Buchung durchgeführt wurde.

9. Einzahlungsaufträge
(1) Erteilung von Vorbehaltsgutschriften bei der Einreichung
Schreibt die Bank den Gegenwert von Schecks und Lastschriften schon vor ihrer Einlösung gut, geschieht dies unter dem Vorbehalt ihrer Einlösung, und zwar auch dann, wenn diese Papiere bei der Bank selbst zahlbar sind. Reicht der Kunde andere Papiere mit dem Auftrag ein, von

einem Zahlungspflichtigen einen Forderungsbetrag zu beschaffen (zum Beispiel Zinsscheine), und erteilt die Bank über den Betrag eine Gutschrift, so steht diese unter dem Vorbehalt, dass die Bank den Betrag erhält. Der Vorbehalt gilt auch dann, wenn die Papiere bei der Bank selbst zahlbar sind. Werden Schecks oder Lastschriften nicht eingelöst, erhält die Bank den Betrag aus dem Einzugsauftrag nicht, macht die Bank die Vorbehaltsgutschrift rückgängig. Dies geschieht unabhängig davon, ob in der Zwischenzeit ein Rechnungsabschluss erteilt wurde.

(2) Einlösung von Lastschriften und vom Kunden ausgestellter Schecks

Lastschriften und Schecks sind eingelöst, wenn die Belastungsbuchung nicht spätestens am zweiten Bankarbeitstag nach ihrer Vornahme rückgängig gemacht wird. Barschecks sind bereits mit Zahlung an den Scheckvorleger eingelöst. Schecks sind auch schon dann eingelöst, wenn die Bank im Einzelfall eine Bezahltmeldung absendet. Lastschriften und Schecks, die über die Abrechnungsstelle einer Landeszentralbank vorgelegt werden, sind eingelöst, wenn sie nicht bis zu dem von der Landeszentralbank festgesetzten Zeitpunkt an die Abrechnungsstelle zurückgegeben werden.

10. Fremdwährungsgeschäfte und Risiken bei Fremdwährungskonten

(1) Auftragsausführung bei Fremdwährungskonten

Fremdwährungskonten des Kunden dienen dazu, Zahlungen an den Kunden und Verfügungen des Kunden in fremder Währung bargeldlos abzuwickeln. Verfügungen über Guthaben auf Fremdwährungskonten (zum Beispiel durch Überweisung zulasten des Fremdwährungsguthabens) werden unter Einschaltung von Banken im Heimatland der Währung abgewickelt, wenn sie die Bank nicht vollständig innerhalb des eigenen Hauses ausführt.

(2) Gutschriften bei Fremdwährungsgeschäften mit dem Kunden

Schließt die Bank mit dem Kunden ein Geschäft (zum Beispiel ein Devisentermingeschäft) ab, aus dem sie die Verschaffung eines Betrages in fremder Währung schuldet, wird sie ihre Fremdwährungsverbindlichkeit durch Gutschrift auf dem Konto des Kunden in dieser Währung erfüllen, sofern nicht etwas anderes vereinbart ist.

(3) Vorübergehende Beschränkung der Leistung durch die Bank

Die Verpflichtung der Bank zur Ausführung einer Verfügung zulasten eines Fremdwährungsguthabens (Absatz 1) oder zur Erfüllung einer Fremdwährungsverbindlichkeit (Absatz 2) ist in dem Umfang und so lange ausgesetzt, wie die Bank in der Währung, auf die das Fremdwährungsguthaben oder die Verbindlichkeit lautet, wegen politisch bedingter

Maßnahmen oder Ereignisse im Lande dieser Währung nicht oder nur eingeschränkt verfügen kann. In dem Umfang und solange diese Maßnahmen oder Ergebnisse andauern, ist die Bank auch nicht zu einer Erfüllung an einem anderen Ort außerhalb des Landes der Währung, in einer anderen Währung (auch nicht in Euro) oder durch Anschaffung von Bargeld verpflichtet. Die Verpflichtung der Bank zur Ausführung einer Verfügung zulasten eines Fremdwährungsguthabens ist dagegen nicht ausgesetzt, wenn sie die Bank vollständig im eigenen Haus ausführen kann. Das Recht des Kunden und der Bank, fällige gegenseitige Forderungen in derselben Währung miteinander zu verrechnen, bleibt von den vorstehenden Regelungen unberührt.

(4) Umrechnungskurs
Die Bestimmung des Kurses bei Fremdwährungsgeschäften ergibt sich aus dem „Preis- und Leistungsverzeichnis".

Mitwirkungspflichten des Kunden

11. Mitwirkungspflichten des Kunden

(1) Änderungen von Name, Anschrift oder einer gegenüber der Bank erteilten Vertretungsmacht
Zur ordnungsgemäßen Abwicklung des Geschäftsverkehrs ist es erforderlich, dass der Kunde der Bank Änderungen seines Namens und seiner Anschrift sowie das Erlöschen oder die Änderung einer gegenüber der Bank erteilten Vertretungsmacht (insbesondere einer Vollmacht) unverzüglich mitteilt. Diese Mitteilungspflicht besteht auch dann, wenn die Vertretungsmacht in ein öffentliches Register (zum Beispiel in das Handelsregister) eingetragen ist und ihr Erlöschen oder ihre Änderung in dieses Register eingetragen wird.

(2) Klarheit von Aufträgen und Überweisungen
Aufträge und Überweisungen müssen ihre Inhalte zweifelsfrei erkennen lassen. Nicht eindeutig formulierte Aufträge und Überweisungen können Rückfragen zur Folge haben, die zu Verzögerungen führen können. Vor allem hat der Kunde bei Aufträgen zur Gutschrift auf einem Konto (zum Beispiel bei Lastschrift- und Scheckeinreichungen) und Überweisungen auf die Richtigkeit und Vollständigkeit des Namens des Zahlungsempfängers, der angegebenen Kontonummer, der angegebenen Bankleitzahl und der angegebenen Währung zu achten. Änderungen, Bestätigungen und Wiederholungen von Aufträgen und Überweisungen müssen als solche gekennzeichnet sein.

(3) Besonderer Hinweis bei Eilbedürftigkeit der Ausführung eines Auftrags oder einer Überweisung
Hält der Kunde bei der Ausführung eines Auftrags oder einer Überweisung besondere Eile für nötig, hat er dies der Bank gesondert mitzuteilen. Bei formularmäßig erteilten Aufträgen oder Überweisungen muss dies außerhalb des Formulars erfolgen.

(4) Prüfung der Einwendungen bei Mitteilungen der Bank
Der Kunde hat Kontoauszüge, Wertpapierabrechnungen, Depot- und Erträgnisaufstellungen, sonstige Abrechnungen, Anzeigen über die Ausführung von Aufträgen und Überweisungen sowie Informationen über erwartete Zahlungen und Sendungen (Avise) auf ihre Richtigkeit und Vollständigkeit unverzüglich zu überprüfen und etwaige Einwendungen unverzüglich zu erheben.

(5) Benachrichtigung der Bank bei Ausbleiben von Mitteilungen
Falls Rechnungsabschlüsse und Depotaufstellungen dem Kunden nicht zugehen, muss er die Bank unverzüglich benachrichtigen. Die Benachrichtigungspflicht besteht auch beim Ausbleiben anderer Mitteilungen, deren Eingang der Kunde erwartet (Wertpapierabrechnungen, Kontoauszüge nach der Ausführung von Aufträgen und Überweisungen des Kunden oder über Zahlungen, die der Kunde erwartet).

Kosten der Bankdienstleistungen

12. Zinsen, Entgelte und Auslagen

(1) Zinsen und Entgelte außerhalb des Privatkundengeschäfts
Die Höhe und Entgelte für die im Privatkundengeschäft üblichen Kredite und Leistungen ergibt sich aus dem „Preisaushang – Regelsätze im standardisierten Privatkundengeschäft“ und ergänzend aus dem „Preis- und Leistungsverzeichnis“. Wenn ein Kunde einen dort aufgeführten Kredit oder eine dort aufgeführte Leistung in Anspruch nimmt und dabei keine abweichende Vereinbarung getroffen wurde, gelten die zu diesem Zeitpunkt im Preisaushang oder Preis- und Leistungsverzeichnis angegebenen Zinsen und Entgelte. Für die darin nicht aufgeführten Leistungen, die im Auftrag des Kunden oder in dessen mutmaßlichem Interesse erbracht werden und die, nach den Umständen zu urteilen, nur gegen eine Vergütung zu erwarten sind, kann die Bank die Höhe des Entgelts nach billigem Ermessen (§ 315 des Bürgerlichen Gesetzbuches) bestimmen.

(2) Zinsen und Entgelte außerhalb des Privatkundengeschäfts
Außerhalb des Privatkundengeschäfts bestimmt die Bank, wenn keine andere Vereinbarung getroffen ist, die Höhe von Zinsen und Entgelten nach billigem Ermessen (§ 315 des Bürgerlichen Gesetzbuches).

(3) Änderung von Zinsen und Entgelten
Die Änderung der Zinsen bei Krediten mit einem veränderlichen Zinssatz erfolgt auf Grund der jeweiligen Kreditvereinbarungen mit dem Kunden. Das Entgelt für Leistungen, die vom Kunden im Rahmen der Geschäftsverbindung typischerweise dauerhaft in Anspruch genommen werden (zum Beispiel Konto- und Depotführung), kann die Bank nach billigem Ermessen (§ 315 des Bürgerlichen Gesetzbuches) ändern.

(4) Kündigungsrecht des Kunden bei Erhöhung von Zinsen und Entgelten
Die Bank wird dem Kunden Änderungen von Zinsen und Entgelten nach Absatz 3 mitteilen. Bei einer Erhöhung kann der Kunde, sofern nichts anderes vereinbart ist, die davon betroffene Geschäftsbeziehung innerhalb von sechs Wochen nach Bekanntgabe der Änderung mit sofortiger Wirkung kündigen. Kündigt der Kunde, so werden die erhöhten Zinsen und Entgelte für die gekündigte Geschäftsbeziehung nicht zu Grunde gelegt. Die Bank wird zur Abwicklung eine angemessene Frist einräumen.

(5) Auslagen
Die Bank ist berechtigt, dem Kunden Auslagen in Rechnung zu stellen, die anfallen, wenn die Bank in seinem Auftrag oder seinem mutmaßlichen Interesse tätig wird (insbesondere für Ferngespräche, Porti) oder wenn Sicherheiten bestellt, verwaltet, freigegeben oder verwertet werden (insbesondere Notarkosten, Lagergelder, Kosten der Bewachung von Sicherungsgut).

(6) Besonderheiten bei Verbraucherdarlehensverträgen
Bei Kreditverträgen, die nach § 492 des Bürgerlichen Gesetzbuches der Schriftform bedürfen, richten sich die Zinsen und die Kosten (Entgelte, Auslagen) nach den Angaben in der Vertragsurkunde. Fehlt die Angabe eines Zinssatzes, gilt der gesetzliche Zinssatz; nicht angegebene Kosten werden nicht geschuldet (§ 492 Absatz 2 des Bürgerlichen Gesetzbuches). Bei Überziehungskrediten nach § 493 des Bürgerlichen Gesetzbuches richtet sich der maßgebliche Zinssatz nach dem Preisaushang und den Informationen, die die Bank dem Kunden übermittelt.

Sicherheiten für die Ansprüche der Bank gegen den Kunden

13. Bestellung oder Verstärkung von Sicherheiten

(1) Anspruch der Bank auf Bestellung von Sicherheiten

Die Bank kann für alle Ansprüche aus der bankmäßigen Geschäftsverbindung die Bestellung bankmäßiger Sicherheiten verlangen, und zwar auch dann, wenn die Ansprüche bedingt sind (zum Beispiel Aufwendungsersatz wegen der Inanspruchnahme aus einer für den Kunden übernommenen Bürgschaft). Hat der Kunde gegenüber der Bank eine Haftung für Verbindlichkeiten eines anderen Kunden der Bank übernommen (zum Beispiel als Bürge), so besteht für die Bank ein Anspruch auf Bestellung oder Verstärkung von Sicherheiten im Hinblick auf die aus der Haftungsübernahme folgende Schuld jedoch erst ab ihrer Fälligkeit.

(2) Veränderungen des Risikos

Hat die Bank bei der Entstehung von Ansprüchen gegen den Kunden zunächst ganz oder teilweise davon abgesehen, die Bestellung oder Verstärkung von Sicherheiten zu verlangen, kann sie auch später noch eine Besicherung fordern. Voraussetzung hierfür ist jedoch, dass Umstände eintreten oder bekannt werden, die eine erhöhte Risikobewertung rechtfertigen. Dies kann insbesondere der Fall sein, wenn

- sich die wirtschaftlichen Verhältnisse des Kunden nachteilig verändert haben oder sich zu verändern drohen, oder
- sich die vorhandenen Sicherheiten wertmäßig verschlechtert haben oder sich zu verschlechtern drohen.

Der Besicherungsanspruch der Bank besteht nicht, wenn ausdrücklich vereinbart ist, dass der Kunde keine oder ausschließlich im Einzelnen benannte Sicherheiten zu bestellen hat. Bei Verbraucherdarlehensverträgen besteht ein Anspruch auf die Bestellung oder Verstärkung von Sicherheiten nur, soweit die Sicherheiten im Kreditvertrag angegeben sind; wenn der Nettokreditbetrag 50.000,00 EUR übersteigt, besteht der Anspruch auf Bestellung oder Verstärkung auch dann, wenn der Kreditvertrag keine oder keine abschließenden Angaben über Sicherheiten enthält.

(3) Fristsetzung für die Bestellung oder Verstärkung von Sicherheiten

Für die Bestellung oder Verstärkung von Sicherheiten wird die Bank eine angemessene Frist einräumen. Beabsichtigt die Bank, von ihrem Recht zur fristlosen Kündigung nach Nr. 19 Absatz 3 dieser Geschäftsbedingungen Gebrauch zu machen, falls der Kunde seiner Verpflichtung zur Bestellung oder Verstärkung von Sicherheiten nicht fristgerecht nachkommt, wird sie ihn zuvor hierauf hinweisen.

14. Vereinbarung eines Pfandrechts zu Gunsten der Bank
(1) Einigung über das Pfandrecht
Der Kunde und die Bank sind sich darüber einig, dass die Bank ein Pfandrecht an den Wertpapieren und Sachen erwirbt, an denen eine inländische Geschäftsstelle im bankmäßigen Geschäftsverkehr Besitz erlangt hat oder noch erlangen wird. Die Bank erwirbt ein Pfandrecht auch an den Ansprüchen, die dem Kunden gegen die Bank aus der bankmäßigen Geschäftsverbindung zustehen werden (zum Beispiel Kontoguthaben).

(2) Gesicherte Ansprüche
Das Pfandrecht dient der Sicherung aller bestehenden, künftigen und bedingten Ansprüche, die der Bank mit ihren sämtlichen in- und ausländischen Geschäftsstellen aus der bankmäßigen Geschäftsverbindung gegen den Kunden zustehen. Hat der Kunde gegenüber der Bank eine Haftung für Verbindlichkeiten eines anderen Kunden der Bank übernommen (zum Beispiel als Bürge), so sichert das Pfandrecht die aus der Haftungsübernahme folgende Schuld jedoch erst ab der Fälligkeit.

(3) Ausnahmen vom Pfandrecht
Gelangen Geld oder andere Werte mit der Maßgabe in die Verfügungsgewalt der Bank, dass sie nur für einen bestimmten Zweck verwendet werden dürfen (zum Beispiel Bareinzahlung zur Einlösung eines Wechsels), erstreckt sich das Pfandrecht der Bank nicht auf diese Werte. Dasselbe gilt für die von der Bank selbst ausgegebenen Aktien (eigene Aktien) und für die Wertpapiere, die die Bank im Ausland für den Kunden verwahrt. Außerdem erstreckt sich das Pfandrecht nicht auf die von der Bank selbst ausgegebenen eigenen Genussrechte/Genussscheine und nicht auf die verbrieften und nicht verbrieften nachrangigen Verbindlichkeiten der Bank.

(4) Zins- und Gewinnanteilscheine
Unterliegen dem Pfandrecht der Bank Wertpapiere, ist der Kunde nicht berechtigt, die Herausgabe der zu diesen Papieren gehörenden Zins- und Gewinnanteilscheine zu verlangen.

15. Sicherungsrechte bei Einzugspapieren und diskontierten Wechseln
(1) Sicherungsübereignung
Die Bank erwirbt an den ihr bis zum Einzug eingereichten Schecks und Wechseln im Zeitpunkt der Einreichung Sicherungseigentum. An diskontierten Wechseln erwirbt die Bank im Zeitpunkt des Wechselankaufs uneingeschränktes Eigentum; belastet sie diskontierte Wechsel dem Konto zurück, so verbleibt ihr das Sicherungseigentum an diesen Wechseln.

(2) Sicherungsabtretung
Mit dem Erwerb des Eigentums an Schecks und Wechseln gehen auch die zu Grunde liegenden Forderungen auf die Bank über; ein Forderungsübergang findet ferner statt, wenn andere Papiere zum Einzug eingereicht werden (zum Beispiel Lastschriften, kaufmännische Handelspapiere).

(3) Zweckgebundene Einzugspapiere
Werden der Bank Einzugspapiere mit der Maßgabe eingereicht, dass ihr Gegenwert nur für einen bestimmten Zweck verwendet werden darf, erstrecken sich die Sicherungsübereignung und die Sicherungsabtretung nicht auf die Papiere.

(4) Gesicherte Ansprüche der Bank
Das Sicherungseigentum und die Sicherungsabtretung dienen der Sicherung aller Ansprüche, die der Bank gegen den Kunden bei Einreichung von Einzugspapieren aus seinen Kontokorrentkonten zustehen oder die infolge der Rückbelastung nicht eingelöster Einzugspapiere oder diskontierter Wechsel entstehen. Auf Anforderung des Kunden nimmt die Bank eine Rückübertragung des Sicherungseigentums an den Papieren und der auf sie übergegangenen Forderungen an den Kunden vor, falls ihr im Zeitpunkt der Anforderung keine zu sichernden Ansprüche gegen den Kunden zustehen oder sie ihn über den Gegenwert der Papiere vor deren endgültiger Bezahlung nicht verfügen lässt.

16. Begrenzung des Besicherungsanspruchs und Freigabeverpflichtung

(1) Deckungsgrenze
Die Bank kann ihren Anspruch auf Bestellung oder Verstärkung von Sicherheiten so lange geltend machen, bis der realisierbare Wert aller Sicherheiten dem Gesamtbetrag aller Ansprüche aus der bankmäßigen Geschäftsverbindung (Deckungsgrenze) entspricht.

(2) Freigabe
Falls der realistische Wert aller Sicherheiten die Deckungsgrenze nicht nur vorübergehend übersteigt, hat die Bank auf Verlangen des Kunden Sicherheiten ihrer Wahl freizugeben, und zwar in Höhe des die Deckungsgrenze übersteigenden Betrages; sie wird bei der Auswahl der freizugebenden Sicherheiten auf die berechtigten Belange des Kunden und eines dritten Sicherungsgebers, der für die Verbindlichkeiten des Kunden Sicherheiten bestellt hat, Rücksicht nehmen. In diesem Rahmen ist die Bank auch verpflichtet, Aufträge des Kunden über die dem Pfandrecht unterliegenden Werte auszuführen (zum Beispiel Verkauf von Wertpapieren, Auszahlung von Sparguthaben).

(3) Sondervereinbarungen
Ist für eine bestimmte Sicherheit ein anderer Bewertungsmaßstab als der realistische Wert oder ist eine andere Deckungsgrenze oder eine andere Grenze für die Freigabe von Sicherheiten vereinbart, so sind diese maßgeblich.

17. Verwertung von Sicherheiten
(1) Wahlrecht der Bank
Wenn die Bank verwertet, hat die Bank unter mehreren Sicherheiten die Wahl. Sie wird bei der Verwertung und der Auswahl der zu verwertenden Sicherheiten auf die berechtigten Belange des Kunden und eines dritten Sicherungsgebers, der für die Verbindlichkeiten des Kunden Sicherheiten bestellt hat, Rücksicht nehmen.

(2) Erlösungsgutschrift nach dem Umsatzsteuerrecht
Wenn der Verwertungsvorgang der Umsatzsteuer unterliegt, wird die Bank dem Kunden über den Erlös eine Gutschrift erteilen, die als Rechnung für die Lieferung der als Sicherheit dienenden Sache gilt und den Voraussetzungen des Umsatzsteuerrechts entspricht.

Kündigung

18. Kündigung des Kunden
(1) Jederzeitiges Kündigungsrecht
Der Kunde kann die gesamte Geschäftsverbindung oder einzelne Geschäftsbeziehungen (zum Beispiel den Scheckvertrag), für die weder eine Laufzeit noch eine abweichende Kündigungsregelung vereinbart ist, jederzeit ohne Einhaltung einer Kündigungsfrist kündigen.

(2) Kündigung aus wichtigem Grund
Ist für eine Geschäftsbeziehung eine Laufzeit oder eine abweichende Kündigungsregelung vereinbart, kann eine fristlose Kündigung nur dann ausgesprochen werden, wenn hierfür ein wichtiger Grund vorliegt, der es dem Kunden, auch unter Berücksichtigung der berechtigten Belange der Bank, unzumutbar werden lässt, die Geschäftsbeziehung fortzusetzen.

(3) Gesetzliche Kündigungsrechte
Gesetzliche Kündigungsrechte bleiben unberührt.

19. Kündigungsrechte der Bank
(1) Kündigung unter Einhaltung einer Kündigungsfrist
Die Bank kann die gesamte Geschäftsverbindung oder einzelne Geschäftsbeziehungen, für die weder eine Laufzeit noch eine abweichende

Kündigungsregelung vereinbart ist, jederzeit unter Einhaltung einer angemessenen Kündigungsfrist kündigen (zum Beispiel den Scheckvertrag, der zur Nutzung von Scheckvordrucken berechtigt). Bei der Bemessung der Kündigungsfrist wird die Bank auf die berechtigten Belange des Kunden Rücksicht nehmen. Für die Kündigung der Führung von laufenden Konten und Depots beträgt die Kündigungsfrist mindestens sechs Wochen.

(2) Kündigung unbefristeter Kredite

Kredite und Kreditzusagen, für die weder eine Laufzeit noch eine abweichende Kündigungsregelung vereinbart ist, kann die Bank jederzeit ohne Einhaltung einer Kündigungsfrist kündigen. Die Bank wird bei der Ausübung dieses Kündigungsrechts auf die berechtigten Belange des Kunden Rücksicht nehmen.

(3) Kündigung aus wichtigem Grund ohne Einhaltung einer Kündigungsfrist

Eine fristlose Kündigung der gesamten Geschäftsverbindung oder einzelner Geschäftsbeziehungen ist zulässig, wenn ein wichtiger Grund vorliegt, der der Bank auch unter Berücksichtigung der berechtigten Belange des Kunden deren Fortsetzung unzumutbar werden lässt. Ein wichtiger Grund liegt insbesondere vor,

- wenn der Kunde unrichtige Angaben über seine Vermögensverhältnisse gemacht hat, die für die Entscheidung der Bank über eine Kreditgewährung oder über andere mit Risiken für die Bank verbundene Geschäfte (z. B. Aushändigung einer Zahlungskarte) von erheblicher Bedeutung waren, oder
- wenn eine wesentliche Verschlechterung der Vermögensverhältnisse des Kunden oder der Werthaltigkeit einer Sicherheit eintritt oder einzutreten droht und dadurch die Rückzahlung des Darlehens oder die Erfüllung einer sonstigen Verbindlichkeit gegenüber der Bank – auch unter Verwertung einer hierfür bestehenden Sicherheit – gefährdet ist, oder
- wenn der Kunde seiner Verpflichtung zur Bestellung oder Verstärkung von Sicherheiten nach Nr. 13 Absatz 2 dieser Geschäftsbedingungen oder auf Grund einer sonstigen Vereinbarung nicht nachkommt.

Besteht der wichtige Grund in der Verletzung einer vertraglichen Pflicht, ist die Kündigung nach erfolglosem Ablauf einer zur Abhilfe bestimmten angemessenen Frist oder nach erfolgloser Abmahnung zulässig, es sei denn, dies ist wegen der Besonderheiten des Einzelfalls (§ 323 Absätze 2 und 3 des Bürgerlichen Gesetzbuches) entbehrlich.

(4) Kündigung von Verbraucherdarlehensverträgen bei Verzug
Soweit das Bürgerliche Gesetzbuch Sonderregelungen für die Kündigung wegen Verzuges mit der Rückzahlung eines Verbraucherdarlehensvertrages vorsieht, kann die Bank nur nach Maßgabe dieser Regelungen kündigen.

(5) Abwicklung einer Kündigung
Im Falle einer Kündigung ohne Kündigungsfrist wird die Bank dem Kunden für die Abwicklung (insbesondere für die Rückzahlung eines Kredits) eine angemessene Frist einräumen, soweit nicht eine sofortige Erledigung erforderlich ist (zum Beispiel bei der Kündigung des Scheckvertrages die Rückgabe der Scheckvordrucke).

Schutz der Einlagen

20. Einlagensicherungsfonds
(1) Schutzumfang
Die Bank ist dem Einlagensicherungsfonds des Bundesverbandes deutscher Banken e. V. angeschlossen. Der Einlagensicherungsfonds sichert alle Verbindlichkeiten, die in der Bilanzposition „Verbindlichkeiten gegenüber Kunden" auszuweisen sind. Hierzu zählen Sicht-, Termin- und Spareinlagen einschließlich der auf den Namen lautenden Sparbriefe. Die Sicherungsgrenze wird dem Kunden von der Bank auf Verlangen bekannt gegeben. Sie kann auch im Internet unter www.bdb.de abgefragt werden.

(2) Ausnahmen vom Einlegerschutz
Nicht geschützt sind Forderungen, über die die Bank Inhaberpapiere ausgestellt hat, wie z. B. Inhaberschuldverschreibungen und Inhabereinlagenzertifikate, sowie Verbindlichkeiten gegenüber Kreditinstituten.

(3) Ergänzende Geltung des Status des Einlagensicherungsfonds
Wegen weiterer Einzelheiten des Sicherungsumfanges wird auf § 6 des Status des Einlagensicherungsfonds verwiesen, das auf Verlangen zur Verfügung gestellt wird.

(4) Forderungsübertragung
Soweit der Einlagensicherungsfonds oder ein von ihm Beauftragter Zahlungen an einen Kunden leistet, gehen dessen Forderungen gegen die Bank in entsprechender Höhe mit allen Nebenrechten Zug um Zug auf den Einlagensicherungsfonds über.

(5) Auskunftserteilung
Die Bank ist befugt, dem Einlagensicherungsfonds oder einem von ihm Beauftragten alle in diesen Zusammenhang erforderlichen Auskünfte zu erteilen und Unterlagen zur Verfügung zu stellen.

Eigenkapital – Finanzierung

Von Dr. Horst S. Werner

ISBN 3-86556-121-7
Art.-Nr. 22.379-0600

224 Seiten, gebunden
€ 39,00

Über das Buch

Dieser Ratgeber vermittelt detailliert die Bedeutung und Funktionen des Eigenkapitals im Rahmen einer ausgewogenen Gesamtfinanzierung sowie die Rahmenbedingungen, Möglichkeiten und Voraussetzungen bewährter Instrumente der Eigenkapitalstärkung.

Neben der Beteiligungsfinanzierung über Vollgesellschaftsanteile behandelt das Buch eingehend die für den Mittelstand besonders interessante Mezzanine-Finanzierung über Genussrechte, stille Beteiligungen und Nachrangdarlehen. Darüber hinaus erläutert es praxiserprobte Instrumente der Bilanzstrukturoptimierung zur Erhöhung der Eigenkapitalquote und eigenkapitalschonende Finanzierungsformen wie das Leasing und das Factoring.

Abschließend zeigt es konkrete Wege der Eigenkapitalbeschaffung über Beteiligungsgesellschaften (z.B. Private Placements und Mitarbeiterbeteiligungen), Mittelstandsfonds, Fördermittel und Mezzanine Produkte der Kreditwirtschaft auf.

Inhalt

- Grundlagen der Unternehmensfinanzierung
- Das Eigenkapital und seine Bedeutung für die Unternehmensfinanzierung
- Innenfinanzierung
- Klassische Beteiligungsfinanzierung
- Mezzanine Beteiligungsfinanzierung
- Eigenkapitalbeschaffung über den Kapitalmarkt
- Sonstige Formen der Eigenkapitalbeschaffung
- Finanzplanung - Die „optimale" Eigenkapitalausstattung
- Ausgewählte Finanzierungsanlässe u.a.

Autor

Dr. Horst S. Werner ist erfahrener Wirtschafts- und Steueranwalt und schwerpunktmäßig tätig in der Konzeption erfolgreicher Mezzanine-Finanzierungen.

Zielguppe

- Firmenkundenberater in Kreditinstituten
- Unternehmens- und Steuerberater
- Geschäftsführer in kleinen und mittelständischen Unternehmen
- Finanzierungsgesellschaften

Bank-Verlag Medien GmbH
Wendelinstraße 1, 50933 Köln
Tel.: 0221 5490-500, Fax: 0221 5490-316
www.bank-verlag-medien.de

bank-verlag medien